本书是广西教育科学"十四五"规划 2023 年度课题"工
师型'教师队伍建设研究"（课题编号：2023A098）的研究成果。

基于工匠精神的高职院校
"双师型"教师队伍建设研究

张淑贞　著

陕西师范大学出版总社　西安

图书代号 ZZ24N1501

图书在版编目（CIP）数据

基于工匠精神的高职院校"双师型"教师队伍建设
研究 / 张淑贞著 . -- 西安：陕西师范大学出版总社有限
公司，2024. 9. -- ISBN 978-7-5695-4598-2

Ⅰ . G718.5

中国国家版本馆 CIP 数据核字第 2024BR7167 号

基于工匠精神的高职院校"双师型"教师队伍建设研究
JIYU GONGJIANG JINGSHEN DE GAOZHI YUANXIAO "SHUANGSHIXING" JIAOSHI DUIWU
JIANSHE YANJIU

张淑贞　著

特约编辑	李密密	
责任编辑	王　越	
责任校对	张　甜	
封面设计	知更壹点	
出版发行	陕西师范大学出版总社有限公司	
	（西安市长安南路 199 号　　邮编　710062）	
网　　址	http://www.snupg.com	
印　　刷	河北赛文印刷有限公司	
开　　本	710 mm×1000 mm　　1/16	
印　　张	10	
字　　数	200 千	
版　　次	2024 年 9 月第 1 版	
印　　次	2024 年 9 月第 1 次印刷	
书　　号	ISBN 978-7-5695-4598-2	
定　　价	60.00 元	

读者使用时若发现印装质量问题，请与本社联系、调换。

电话：（029）85308697

作者简介

张淑贞，女，1986年6月生，广西大学工商管理专业硕士研究生，广西工商职业技术学院管理学院副教授、工商教研室副主任、现代文秘专业带头人，自治区级高级"双师型"教师。研究方向：职业教育、市场营销。主要成果：主持和参与省部级课题5项，厅级科研项目11项；公开发表论文20篇，其中在核心期刊发表论文2篇，在广西优秀期刊发表论文5篇；参与编写教材3部；指导学生参加各类技能竞赛获一等奖3项、二等奖6项、三等奖5项；主持完成区级"个人与团队管理"课程思政示范课、面向东盟的国际化职业教育课程。

前　言

中国特色职业教育体系的建设关乎高素质劳动者的培养，更关乎"两个一百年"奋斗目标和中华民族伟大复兴的中国梦的实现。要使高职院校培养的应用型人才更加符合市场、企业的需要，一支优秀的"双师型"教师队伍是关键。基于工匠精神的"双师型"教师队伍建设已成为当前各高职院校的研究热点之一。

全书共六章。第一章为绪论，主要阐述了工匠精神相关理论、高职院校"双师型"教师内涵界定、工匠精神视域下高职院校教师职业定位、工匠精神与高职院校"双师型"教师专业发展的内在关联等内容；第二章说明高职院校"双师型"教师队伍建设的理论基础，主要阐述了激励强化理论、学习型组织理论、利益相关者理论、人的全面发展理论、教师专业化发展理论、教育内外部关系规律理论等内容；第三章主要阐述了高职院校"双师型"教师队伍建设的历史、现状及影响因素；第四章主要阐述了国外高职院校"双师型"教师队伍建设的模式及其对我国的启示；第五章主要阐述了工匠精神视域下高职院校"双师型"教师队伍建设的意义、工匠精神引领高职院校"双师型"教师队伍建设的整体流程设计等内容；第六章介绍工匠精神引领高职院校"双师型"教师队伍建设的内容与策略，主要阐述了工匠精神引领高职院校"双师型"教师队伍建设原则、建设目标、建设策略等内容。

在撰写本书的过程中，笔者参考了国内外很多相关的研究成果，在此对相关学者、专家表示诚挚的感谢。

由于笔者水平有限，书中的一些内容还有待进一步深入研究和论证，在此恳切地希望各位同行专家和读者朋友予以斧正。

目　　录

第一章　绪论

新时代的工匠精神根植于中华优秀传统文化的传承、马克思主义劳动观的理论基础及新时代中国发展的辉煌成就，展现了历史与现实、理论与实践的有机结合。工匠精神的核心内涵包括精益求精、专注执着、一丝不苟和追求卓越。面对新时代中国特色社会主义现代化建设的需求，弘扬工匠精神显得尤为重要。为此，我们必须大力提倡工匠精神，培养匠心理念，深化工匠文化，完善制度保障，强化技能培训。这一系列举措不仅有助于提升高职院校"双师型"教师队伍的整体素质，更能为我国现代化建设提供坚实的人才支撑。本章分为工匠精神相关理论、高职院校"双师型"教师内涵界定、工匠精神视域下高职院校教师职业定位、工匠精神与高职院校"双师型"教师专业发展的内在关联四个部分。

第一节　工匠精神相关理论

一、工匠精神的发展历程

（一）中国古代的工匠精神

中华文明拥有璀璨的历史，中国在很长时间内都是世界各国尊崇的对象。中华文化博大精深、源远流长，给世界人民留下了无数灿烂瑰宝，如丝绸、瓷器、茶叶等。这些产品在古代通过贸易和交流逐步传播到世界各地，并在五千多年的文化传承中不断积累和发展。我国古代工匠不仅为社会生产提供了物质支持，还以其艺术造诣为中华民族留下了华丽的瑰宝。这些手艺精湛的匠人远离世俗喧嚣，以精湛的手艺创造出无数精美的作品，将"工匠精神"融入其中并流传至今。中华优秀传统文化是民族的文脉、民族的根，是我们最重要的思想文化渊源。历史实践证明，勤劳勇敢的中国人不仅造就了一件件独具匠心的精品，还在实践中凝结了伟大的工匠精神。

（二）党的十八大前后工匠精神的发展变化

党的十八大前，研究工匠精神的相关文章较少。大部分研究集中在传统手工制作和现代艺术设计领域，主要侧重于工匠精神的保护和传承。这一阶段的研究内容较为简单，成果也相对有限，对我国工匠精神培育和实践的影响力比较薄弱。与此同时，这一阶段的相关研究并未引起社会的广泛关注，文献资料的来源也不充分。

2012年，党的十八大召开后，工匠精神培育的相关研究日渐增多。2014年，研究数量显著增加，文献内容涵盖广泛，集中在以工匠精神培育来推动我国制造业升级。同时，研究领域逐步扩展，涉及美学与艺术设计、动画与文化艺术、通信、传播、生产与制造等各个领域，以及教育文化领域等。2015年5月，央视新闻频道推出了一系列《大国工匠》节目，使工匠精神成为社会的热门话题。文献资料的多样性表明，工匠精神在各个领域得到了深刻的认识和讨论。社会各界开始反思自身的发展，提出了以工匠精神培育来谋求生存和发展的建议。

2016年，李克强在两会期间做的政府工作报告中首次正式提到了要培育精益求精的工匠精神。2017年，习近平总书记在党的十九大报告中将工匠精神和劳模精神并列，提出"弘扬劳模精神和工匠精神"。这表明，培育工匠精神已成为国家意志和全民共识。工匠精神的培育在学术界从被冷淡地对待到逐渐名声大噪，并不是偶然的现象，而是社会舆论和经济发展转型共同推动的结果。研究人员逐渐认识到工匠精神的深层含义以及工匠精神培育的重要性，并开始探讨培育过程中可能存在的问题。这有助于加深对工匠精神培育的理性认识。近年来，在中国知网（CNKI）官网上输入"工匠精神"关键词进行检索，可以发现相关论文数量不断增加，尤其是2019年以后，关于工匠精神的研究显著增多。

二、工匠精神的基本理论

（一）工匠精神的相关概念

1. 工匠

"工匠"一词由来已久。《说文解字·工部》中说："工，巧饰也，象人有规矩也。""工"原指"规"和"矩"这类工具，后引申为从事具体活动、拥有一定技术水平、进行美化活动的人。在原始社会末期，人类社会经历了第二次重要的社会大分工，手工业与农业逐渐分离，出现了专门从事手工业生产的人员，他们拥有特定的手艺，初步形成了手工业者群体。随着社会的进一步发展，这些手工业者在后来的文明社会中演变为专业工匠，被称为"匠人"。《说文解字·匚部》

中写道："匠，木工也。从匚从斤。斤，所以作器也。"匚，指工具篮；斤，则指工具篮中放置的类似斧子的工具。工匠存在于各个领域。从狭义的角度出发，工匠指在手工业领域进行专职工作的从业者；从广义来看，工匠泛指从事各种工艺活动的人。在《中国古代的工匠》一书中，曹焕旭认为，工匠是古代社会中一些心灵手巧以成器物的人。[①]《辞海》《辞源》中对于工匠的阐述基本一致，即"手工艺人"。"工匠"一词，在中国古代指代四民分工中的"工"，即手工业从业人员。[②]当代美国著名社会学家和思想家理查德·桑内特（Richard Sennett）认为，工匠就是指从一开始就树立一种追求完美的精神状态，从而不断地把事情做得更好的人。[③]美国科学家亚力克·福奇（Alec Foege）认为，工匠就是有了好的想法，并且花费时间去努力兑现的人。[④]这一观点注重将理论付诸实践，工匠应把自己的想法、理论与实践相结合，好的想法只有实现才具有价值。在社会发展的历史进程中，工匠满足了人们生活与社会生产的需求，发挥了重要的价值。

综上所述，工匠是指会利用工具进行造物活动，拥有一定程度的技术水平，能把自身的想法付诸实践，且对工作非常专注、一丝不苟、技艺高超的手艺人。

2. 工匠精神

工匠精神由"工匠"和"精神"二词组成，"工匠"指的是具备专门技艺的人，而"精神"指的是思维意识。因此，"工匠精神"指的是匠人的思维和意识。同时，工匠精神还要求匠人具有高超的技艺水平与相关的专业知识。隋朝杰出工匠李春设计并主持建造的赵州桥，首创敞肩拱结构形式。桥的大拱两端各有两个小拱，可以加大泄水面积，减少洪水对桥身的冲击力，又可减轻桥身重量对桥基的压力。赵州桥这样突出的技术成就，不仅是李春专业知识水平的体现，也凝聚了其与千百个工匠一丝不苟的态度和精益求精的品质。因此，工匠精神是精益求精、敬业奉献、执着专注、勇于创新的精神品质。

自古以来，工匠精神就是凸显中国气质的重要体现。在中华优秀传统文化中，并不缺乏对匠心的推崇。《诗经》中记载古代工匠雕琢器物时"如切如磋，如琢如磨"；在《论语集注》中，朱熹对工匠精神的解释是"治之已精，而益求其精也"；《庄子》认为"道也，进乎技矣"……无一不体现执着专注、精益求精的工匠精神。我国古代的丝绸、瓷器等产品受到了世界各国人民的青睐，这些产品的制作与工匠们高超的技艺水平是分不开的。

① 曹焕旭. 中国古代的工匠［M］. 北京：商务印书馆，1996：1.
② 周菲菲. 日本的工匠精神传承及其当代价值［J］. 日本学刊，2019（6）：135-159.
③ 桑内特. 匠人［M］. 李继宏，译. 上海：上海译文出版社，2015：76.
④ 福奇. 工匠精神：缔造伟大传奇的重要力量［M］. 陈劲，译. 杭州：浙江人民出版社，2014：9.

肖群忠、刘永春在《工匠精神及其当代价值》中指出,工匠精神在我国文化视域下是指"尚巧"的创新精神、"求精"的工作态度和"道技合一"的人生境界,即通过不断创新探索技艺之巧、追求技艺的精湛细致,和通过手中的技艺领悟"道"的真谛,实现人生意义的超越。[①] 薛栋在《中国工匠精神研究》中,从"尚技"和"崇德"两个方面阐述了中国工匠精神,认为"尚技"是对工匠技艺水平的要求,并指出工匠造物要遵循技术标准,具备精益求精、一丝不苟的工作态度以及以技艺之精达到"道"的境界;"崇德"是我国工匠精神的技艺伦理,即要修身正己,不断自我完善,要以"关乎民生日用"为宗旨,围绕日常生活的需要开展设计,从而体现出"经世致用"的利民情怀。[②] 余运德在《"工匠精神"的历史渊源及其文化模式的价值观思辨》一文中从态度、质量、技术、道德四个维度指出工匠精神具有的独特的文化内涵,分别是专心致志的心态、一丝不苟的追求、精益求精的作风和爱岗敬业的品质。[③]

3. 工匠精神培育

人们对工匠精神的认识大多源于制造业,因此,普遍认为工匠精神的培育只需要在制造业领域进行,只有技术工人才需要工匠精神。这种观点其实是一种狭义的理解。通过搜索发现,关于工匠精神的大多数研究仅限于"高职院校""职业教育""高职学生"等领域。由此可以看到,部分学者将工匠精神培育的主体限制在职业院校,认为只有这些院校的学生才需要学习与实践工匠精神。

我们需要跳出狭义的角度来看待工匠精神的培育,明确工匠精神培育的主体是全社会的劳动者,而不只是制造业领域的技术工人、高职院校的学生。

工匠精神的培育,从广义角度来理解,是面向全社会开展的劳动教育和敬业教育。劳动教育与当前倡导的工匠精神的培育具有相似性。培育工匠精神,需要对全体社会成员开展劳动教育,绝不能限于制造业。工匠精神蕴含着敬业的品质,与社会主义核心价值观对敬业的阐述一致。社会主义核心价值观的培育对象是全体社会成员,因此,培育工匠精神作为重要的路径,应打破界限,面向全体社会成员。工匠精神理应成为所有领域遵循的行业规范和职业道德,每个行业都需要工匠精神,从业人员应专注于自身工作,在工作中实践工匠精神。

当前,我国经济发展进入了一个关键时期,重心从追求经济发展的速度转向提高经济发展的质量。推动经济高质量发展离不开人才,而工匠精神的培育正是

---

① 肖群忠,刘永春.工匠精神及其当代价值[J].湖南社会科学,2015(6):6-10.
② 薛栋.中国工匠精神研究[J].职业技术教育,2016,37(25):8-12.
③ 余运德."工匠精神"的历史渊源及其文化模式的价值观思辨[J].开封大学学报,2018,32(2):42-47.

培养高素质人才的关键途径。从当前我国发展的现实情况来看，开展工匠精神的培育工作，既需要培育大量高技术素质的劳动者，也要重视劳动者道德品质的养成，使他们具有坚持不懈、追求卓越的品格，并将维护国家的利益作为最重要的发展目标，从而推动广大劳动者的社会价值得到最大化的实现。近年来，由于人口老龄化，我国的人口红利优势开始逐渐消失，我们需要抓住机会，改变劣势条件，转向人才红利。工匠精神的培育可以为我国的发展提供人才与技能支撑。因此，在工匠精神培育方面，应动员全社会的力量，对全体社会成员进行工匠精神的全面培育。

（二）工匠精神的基本内涵

工匠一词发源于中华优秀传统文化的历史长河之中，有着深厚的历史文化内涵。"工"泛指"工艺""手工工匠"或"做手工劳动的人"。《春秋穀梁传注疏》载："有工民，巧心劳手以成器物者。"《汉书·食货志》载："作巧成器曰工。"《韩非子·定法》曰："夫匠者，手巧也。"我国古代典籍对工匠的定义皆有"尚巧""求精"之意，只有拥有精巧技艺的手工劳动者才能被称为"工匠"。《论语·卫灵公》曰："工欲善其事，必先利其器。"这里的"工"可理解为擅长制作器物的手工业劳动者。各行各业的从业者群体被总称为"百工"，《论语·子张》中有言"百工居肆以成其事"。"百工"按其所服务的群体可以分为两类，一类是服务于官坊的工匠群体，即"官匠"。"官匠"所生产的产品供统治阶级使用，生产产品不计成本，技艺炉火纯青，追求器物精美细致，创造了无数璀璨的瑰宝。另一类是"民匠"，多以家庭生产方式为主，结合部分私坊进行小规模生产，生产的产品供百姓使用，以实用为主。民匠为谋求生存，不断改进生产技艺，这种自发的行为在无形中推动了社会生产力的进步。

在中国古代传统"士农工商"的刻板社会阶层划分中，工匠所代表的手工制造业虽然在自然经济占据主导的封建社会中居于从属地位，社会地位并不高，但是却发挥着重要作用。被土木工匠尊称为"祖师"的鲁班，从小热衷于参与土木工程劳作，积累了丰厚的经验，发明了木工的基本工具，如曲尺、墨斗、锯子、刨子、凿子等，大大减轻了人们在土木行业的劳作强度。他的精益求精和开拓创新的精神影响至今。个体工匠们代代相继，在传承原有技术的基础上，充分发挥主观能动性，实现技术突破和产品改良升级，推动了整个社会生产力的发展和进步。在中华文明的历史进程中，工匠群体通过一材一物诠释着精益求精的价值追求，传承和发展着属于中国工匠的工匠精神。

工匠精神传承于历史，置身于现实，在劳动人民的伟大实践中凝结而成，又以积极的精神力量改变着现实。在当今时代，手工工场和小家庭手工生产的方式逐渐退出历史舞台，但工匠精神作为一种职业道德追求，放之各行业而皆适用，是属于全体劳动者的职业道德追求和价值准则，是一种良好的工作状态和人文境界。人人皆可为"工匠"，各行各业都需要工匠精神。因此，跳出制造业的狭义视野，工匠精神有着更为丰富的内涵。在此将工匠精神的内涵归纳为以下几点：爱岗敬业、精益求精、追求千锤百炼的"尚巧"精神，尊师重道、注重传承的"师道"精神，勇于开拓、不断进取的"创新"精神，重视实践、善于将理论与实践相结合的"知行合一"精神，敬业乐业的"奉献"精神，遵守职业准则、承担社会责任的"守正造福"精神。

1. "尚巧"精神

"尚巧"主要是指工匠对精湛技艺不懈追求的态度，正如"庖丁解牛""卖油翁自钱孔沥油而不沾"的近乎艺术般的绝技。"尚巧"是对技艺的精深、精致、精美、精进的态度，追求造物和做事的完美与极致。"尚巧"不仅是工匠精神的技术内涵，也是"真善美"的价值要求，包含追求产品和技术的精益求精以及提高劳动者的修养两个层面的内容。

在追求产品和技术的精益求精方面，首先要求劳动者热爱所从事的职业，熟练掌握所从事职业的基本技艺，并在"熟能生巧"的基础上，充分总结经验，发挥主观能动性，以"人无我有，人有我优"的进取精神追求产品（服务）的质量与技艺升级。其次，要将情感融入产品之中，以极大的热情对待每一件产品，以严苛的制造要求对待每一道工序，以追求产品的完美促进技艺的精进。最后，在提高劳动者的修养方面，要求劳动者磨炼心性，耐得住寂寞，以"咬定青山不放松"的坚韧毅力守住"初心"，从容应对"浮躁"的氛围。工匠的精神境界在一定程度上决定着产品质量的高度。同时，劳动者要不断加强职业修养，要有通过职业培训、职业再教育等途径加强理论学习反哺劳动技艺的自觉性，在追求产品技艺和提高自身修养的共同作用中，实现劳动者的个人价值。

2. "师道"精神

尊师重道是我国世代相承的优良传统，历来被我国工匠群体所重视。手工工艺的生产劳动对匠人的操作水平、实践经验有着严格的要求，因此，我国古代匠人的工艺大多以"师徒相授，薪火相传"的方式进行代际传承。师徒之间通过知识、技艺等客观经验的传授，实现经验共享、内容共创、精神共融。手艺、工艺在师徒之间传承，必然涉及尊师重道的核心要求。工匠学艺前有严格的拜师程序，一旦拜师就不能随意放弃，也不能忤逆师父。学徒不仅有尊敬师长、努力学习技艺的义务，出师之后更有"衣钵相传"的责任，即培养新的接班人，完成知识、技能和手艺的代际传承。

当今时代，"尊师重道"仍是工匠精神题中应有之义，体现了各行各业劳动者对劳动技能和客观规律的尊重。虽然今天的教育模式是以高校、企业等机构为主体的现代教育模式，但传统师徒模式所强调的对技能和知识传授者心存尊敬的要求并不过时。"尊师重道"要求学艺者尊重师长，团结同门，本质上是对知识、技能的尊重和对师父的感恩之心。学徒通过师父的教导所学习的理论和技能是今后安身立命的基础，应对师父的教导抱有崇敬之心，尊重前人的劳动成果和实践经验，谦虚学习。"十年树木，百年树人"，师父的日常言行对学徒有着潜移默化的作用，其传授的为人处世道理和职业伦理要求对学徒未来发展的高度有重要作用。

3."创新"精神

创新是发展的第一动力，是工匠精神传承和发展的灵魂。没有创新，工匠的劳动就是不断重复、墨守成规，最终被社会淘汰。例如，诺基亚，这家曾在手机领域占据主导地位的公司，由于故步自封而走向没落。反观华为，其发展历史本身就是一部创新发展史，经过多年的自主创新，为我国的通信企业赢得了世界的一席之地。[①]企业的发展需要创新，中华优秀传统文化的发展也需要创新。"布业始祖"黄道婆改造了棉纺织技术，革新了纺织工具，促进了长三角地区的崛起；我国瓷器体系经过不断创新，在宋代突破了唐朝"南青北白"的局面，达到鼎盛，呈现出天下名窑遍布的盛况，出现了"汝、官、哥、钧、定"五大名窑，为陶瓷美学开辟了新的境界；展子虔的《游春图》开创了我国青绿山水画的先河；梁楷创作的"减笔"画作，开创了一种全新的绘画艺术风格。因此，创新是工匠精神的重要体现，只有不断创新，社会才会不断进步，文化的传承才不会断流。

4."知行合一"精神

这里所说的"知行合一"，指的不是中国传统道德意义上的知与行的统一，而是在学习某种技能的过程中将认识与实践相统一。"知"是从事某一行业所需要掌握的知识、理论、技能，"行"指利用所学习到的内容进行生产实践活动。

---

① 朱瑞博，刘志阳，刘芸.架构创新、生态位优化与后发企业的跨越式赶超：基于比亚迪、联发科、华为、振华重工创新实践的理论探索［J］.管理世界，2011（7）：69-97.

知识如果无法运用于实践或无法用于解决实践问题就是无用的，或者说并没有获得真正的"知"。

"知行合一"是传统工匠的突出特点与优势。古代学徒在从师学习过程中大都会进行模仿学习，注重实践能力的培养。理论探索、技艺学习不是终极目的，一切都是为现实生活服务的。匠人通过创作或生产才能把技艺水准、审美观念赋予实体存在，表达自身的理念，展现自身的价值。"知"是"行"的基础，"行"是"知"的目的。劳动者在制造器物的过程中，灵活运用头脑中的理论知识，将隐性的知识通过劳动成果表达出来，不仅创造了丰富的劳动成果，也实现了劳动者自身的价值。

在科学技术日新月异的当代社会，真正的工匠应不断学习，树立终身学习的理念，善于利用最新的科学理论来指导和改进生产技艺，提高产品质量。

5. "奉献"精神

干一行、爱一行、专一行是匠人必备的品行。古今中外，凡是具备工匠精神的人都兢兢业业、严谨认真，在自己的岗位上工作了十几年甚至几十年，经过长时间的研究和摸索，对自己的专业有深入的认识，具备高度认真负责的态度和高超的技艺水平。

清末民初刺绣名家沈寿，自幼聪颖善绣，终身乐此不疲。她热心于刺绣教育，"授绣八年，勤诲无倦"，为发展民间刺绣艺术呕心沥血；抱病口授毕生刺绣心得，完成我国刺绣史上第一部技术专著《雪宧绣谱》，正所谓"鞠躬尽瘁，死而后已"（《后出师表》）。"泥人张"创始人张明山，由于喜爱泥塑，经过数十年的辛勤努力，捏制出的泥人活灵活现，成为中国传统案上雕塑代表……他们在自己的专业领域内敬业奉献，成为工匠精神的代表。《荀子》中写道："凡百事之成也，必在敬之；其败也，必在慢之。"这句话指的是在事业上取得成功的人，一定非常敬业，认真对待事情；而那些失败的，一定是因为怠慢了。

6. "守正造福"精神

"守正造福"的基本内涵是各行各业的从业者应拥有正确的价值观，积极主动承担社会责任，将个人的发展与社会的发展有机联系起来。其中，"守正"强调要讲规矩，对规律性的、底线的东西必须坚持。"造福"指的是自己的劳动成果能够建设性地促进社会发展。工程伦理的第一要义是工程造福人类，这也是工匠精神的应有之义，可以说，"匠之大者，造福世人"八个字较为精准地道出了"守正造福"的核心要求。首先，"守正造福"要求劳动者"爱岗敬业"，有正确的职业操守，能够在权力、利益等纷繁复杂的诱惑下守住道德底线；在面对从业过程中的道德困境时，能够清醒地做出正确决断。其次，"守正造福"要求劳动者作为社会的一分子应该自觉承担社会责任，充分评估劳动成果对社会造成的或积极或消极的多重效应，强化职业伦理责任意识，在法律和道德的双重约束下为满足社会公众的需求进行生产服务，让劳动造福于社会。最后，"守正造福"要求劳动者将主体自我价值的实现与社会发展进步相结合。新时代的劳动者要勇于担当实现中华民族伟大复兴的重任，积极作为，在不同的岗位上追求卓越，为国家发展攻克难关。

（三）工匠精神的基本特征

1. 具有新时代特质的创新性

新时代工匠精神的创新内涵比以往任何时代都更为显著。创新是现代工匠的使命，是工匠的责任，也是工匠精神的典型特征。心理学将人的能力分为再造能力和创造能力。创造能力是在学习已有知识的基础上，产生新的思想和新的产品的能力，是一种创新。即使工匠做到了爱岗敬业、守正奉献，其再造能力也只是原地踏步，难以形成突破，更难以形成推动社会前进的力量。而创新能力则是不墨守成规，对原有的事物保持好奇心，对现有生产技术大胆革新，给技术或行业带来突破性的贡献。创新精神是工匠精神的一种态度，更是一种行为。敬业不一定能创新，但创新一定是建立在长期对工作坚持和热爱的基础上智慧和能力的迸发。创新是促使生产技术水平发生质变，推动行业和社会向前飞速发展的力量源泉。

创新是人们在知识积累到一定程度的基础上，面对新的环境而实现的知识的升华。因此，高职院校的一切工作都离不开创新，创新是高职院校发展的第一动力，没有创新就没有发展。工匠精神培育也要有创新，创新是解决问题的根本途径。

2. 自主创新与合作

新时代的工匠精神正在开启一种新的自主劳动。它代表了当前的现实，也是一种未来的趋势。在新时代背景下，人与人之间的合作越来越紧密，但这种合作已不再以工厂流水线那样的形式呈现。一方面，它已经内化到个人所利用的资源中；另一方面，它使用最新的形式来吸引更多的人。例如，互联网上的深层应用程序。从最初的意义上讲，工匠精神是打破人类环境"异化"的工作方式。

三、工匠精神的理论依据

不同文化对工匠精神的解读亦有相同之处。新时代的工匠精神既是对传统工匠精神核心内涵的继承和发展，亦是对西方文化下工匠精神的借鉴和学习，更是对当前我国社会发展需求的补给。它以一种新的呈现形式和更加丰富的内涵出现，适应当前我国社会发展的趋势，鼓舞着中国人民，为社会主义现代化强国的建设添砖加瓦。下面从五个方面阐述工匠精神的理论依据。

（一）思想政治教育学原理

在工匠精神培育的过程中，出发点与落脚点都是"人"，对工匠精神的培育需要依托思想政治教育学原理。

1.人的思想品德形成发展规律

培育工匠精神不是一个单一的内在思想矛盾运动的过程，离不开实践基础上的主客体之间的相互作用。一方面，教育对象的思想品德形成过程需要实践作为中介和桥梁。人通过日常生活中的社会实践对客观事物形成一定程度的认识，并再次通过社会实践丰富已有的认识，将其进一步具体化，从而实现对该事物认识的螺旋式上升。另一方面，教育对象自身素质与社会要求之间的矛盾运动是思想道德得以实现的必然途径。只有不断克服旧有思维，接受新知识的洗礼，主体才能实现知、情、意、信、行等要素的一致，更好地把社会所要求的价值规范自觉纳入日常生活实践中。

2.内化外化相统一规律

工匠精神培育遵循思想政治教育内化外化规律。教育主体的内化与外化是思想政治教育过程性和成效性的统一。也就是说，内化指的是主体通过了解与认知，将外界传递的思想观念、道德规范等与自身原有的价值观点相融合，对原有思想体系进行充实更新与塑造完善。在此基础上，主体将内化形成的道德规律与理论知识用于指导自己的实践活动，表现在实践中，就是外化。内化外化相统一规律要求思想政治教育者既发挥主导作用，将马克思主义理论灌输到教育对象头脑中；又要积极引导教育对象参与实践，通过实践教学和实践体验帮助他们实现从内化到外化的转变。

3.主客体双向互动规律

唯物辩证法认为，矛盾的双方既相互依存又相互作用，教育者与教育对象作为思想政治教育的基本要素，在教育过程中各自发挥着主导或主动的作用，其统一发展要求主客体间有充分的双向互动。

第一，主客体的双向互动是在教育主体的主导下进行的。作为主客体双向互动的前提条件，教育者向教育对象灌输马克思主义理论与思想政治教育基本原理是教育者主导作用实现的基础。与此同时，主体信息的传输还为主客体双向互动规定了交流的范围，只有在这个范围内客体才能更好地发挥自己的主观能动性进行选择吸收。

第二，将"解惑"作为主客体双向互动的核心问题。高校的思想政治教育工作实际上是一个解释疑惑的过程，教育者要将教育对象的困惑作为教育的根本出发点，在此基础上开展具有针对性的教育；教育对象也要提出自己的困惑，并且积极发挥主观能动性去解决问题。

第三，以教育者的主导作用为基础充分调动教育对象的主体性。教育对象作为有血有肉、有思想、有情感的人，具有主体性，在接受思想政治教育的过程中是客体，更是主体。从这个角度看，教育对象要通过探索学习，使自身的主体性得以充分展现，更好地将理论知识内化于心，进而外化于行。

（二）马克思主义关于精神的论述

马克思主义是马克思和恩格斯在实践中不断丰富、发展和完善的无产阶级思想的科学体系。寻找工匠精神的理论依据，可从马克思、恩格斯关于精神的论述中得到启发。

马克思对精神的论述从四个维度出发："一是从人的现实生活视域分析精神，揭示出精神的现实性本质；二是从人的感性实践视域分析精神，揭示出精神的实践性本质；三是从历史的辩证方法视域分析精神，揭示出精神的过程性本质；四是从阶级立场视域分析精神，揭示出精神的人民性本质。"[①] 可见，虽然精神以无形的方式存在，但对精神的解读仍然离不开现实生活和实践，也离不开社会历史发展和人民利益。工匠精神是在现实生活的基础上产生的，它不仅是一种感性实践，也随着社会的变迁而发展，更关系着人们创造的社会价值和个人价值。因此，马克思对精神的论述一定程度上为工匠精神的培育指明了方向。

恩格斯虽然没有对精神做出具体的论述，但恩格斯提出了哲学的基本问题，即"思维与存在"的关系问题。由于思维是大脑的反应过程，存在泛指有形的现

---

① 徐海峰.实践唯物主义的"精神"重构及其当代价值：马克思关于精神的哲学解读[J].中共中央党校（国家行政学院）学报，2021，25（4）：56-63.

实世界,因此,"思维与存在的关系"可以转化为"精神与物质的关系"。恩格斯在《自然辩证法》中指出:"我们对自然界的整个支配作用,就在于我们比其他一切生物强,能够认识和正确运用自然规律。"可见,恩格斯对精神的力量表示肯定,而工匠精神的作用就在于能够通过精神的力量对人类活动产生影响。

(三)西方文化视域下对工匠精神的阐释

受西方文化影响,西方国家的工匠精神趋于标准化和理性化,注重工匠精神的执行。首先,西方国家对工匠精神的理解以"质量至上"为原则,通过提升技术水平实现产品质量的最高标准。其次,西方国家执行工匠精神体现在遵循产品生产的流程上,精准化理解产品生产的各个环节。再次,西方国家的工匠精神经久不衰得益于具备创新意识。面对人们需求的日益多样化,西方国家审时度势,对产品不断完善和创新。最后,西方国家对工匠精神的执着追求源于他们自身对技艺的热情,持续不断的内在动力推动着工匠精神的延续。

(四)中华优秀传统文化视域下对工匠精神的阐释

1.道家的"道技合一"思想

道技合一是庄子"以道驭技"观的注解之一。中国古代哲学家所谓"天人合一",从技术伦理的观点看,就是人和工具的合一;而人和工具的合一从道家的观点看,就是"道技合一"。

"道"的本意是人走的路,后来演变为规律、准则和世界的本原。老子在探索世界规律的过程中,提出了"道",《老子》中载"道生一,一生二,二生三,三生万物",指出天地万物源于"道"。道家采用"道"来阐释社会之间所具有的联系,主张道法自然,无为而治,与自然和谐共处。道家虽然提倡人类应该顺应自然的规律,按照万物自身的规律发展,但是它对人的主观能动性的作用也持肯定的态度,也就是说,主张把两者结合起来共同发挥作用。道家这一观点所表达的科学理念,更好地适应了社会发展趋势,为人类如何进行实践探索活动提供了理论支撑。

以《庄子》中的匠人寓言为代表的道家匠艺思想是中国传统工匠精神的主要思想来源和文化根基之一,对于当前工匠精神的重建具有重要的借鉴价值。[①] 庄子作为道家的代表人物,在对工匠技艺的描述中,并不仅仅是对技艺进行描绘,还从这些技艺中悟出"道",从而发现道与技之间的联系。在《庄子·外篇·天

---

① 程军.现代"工匠精神"的传统道家思想来源:基于《庄子》匠人寓言的解读[J].理论月刊,2020(9):144-153.

地》中，庄子就明确讨论了技与道的关系。他提出，"故通于天地者，德也；行于万物者，道也；上治人者，事也；能有所艺者，技也。技兼于事，事兼于义，义兼于德，德兼于道，道兼于天"。在他看来，道与技是相联通的，道技合一。庄子在描写匠人时抓住其神态，表现出匠人在工作时的一种忘我的境界，而这种境界与道是相通的。技艺的形成过程不只是浅显的生产劳动与手工技术的展示过程，更融入了"道"的内核。① "道技合一"是一种境界，要想达到这样一种境界，拥有高超的技艺是必不可少的，但是又不能仅仅只有技术，还应在提升技艺的过程中找到规律、准则，体悟出"道"，同时又用"道"来发展技艺，从而发挥出工匠的价值。例如，《庄子》一书中的庖丁解牛，不仅仅展示了庖丁高超的技艺，更重要的是指出庖丁真正掌握了解牛的规律，达到了道技合一的境界。这启示我们在发展过程中要掌握和利用规律，反复实践，从而体悟到更深层次的真理。

在庄子笔下还有很多类似庖丁解牛这样传神的故事，如梓庆削木为镰、轮扁斫轮、津人操舟若神等，都体现了一种"道技合一"的境界。道家建立了一套独特的关于工匠及其技艺活动的标准，认为只有符合自然之"道"，顺应天然之理这一标准，才是判断技艺活动的最终依据，也是工匠通过技术活动所追求的最高理想。这种"道技合一"的境界成为我国古代工匠不懈追求的目标，也是今天我们理解和尊重传统技艺的关键所在。

2. 墨家的尚技思想

墨家诞生了许多杰出的工匠，并在众多领域里取得了相应的成就，丰富和发展了古代科学技术文化。墨家总结和概括的技术实践经验，对中国科学技术的发展产生了重要的影响。墨子作为我国杰出的工匠，精通多种手工工艺，先后制作了木鸢、大车以及各种器械和生产工具，他的弟子同样也是能工巧匠。墨子在与他人的交谈中，经常提及百工："我有天志，譬若轮人之有规，匠人之有矩。轮、匠执其规、矩，以度天下之方圆。"（《墨子·天志上》）墨子用轮人使用的规、木匠使用的矩来作比，这恰好说明了墨子对待技术秉持着公正、平等的观念，没有展现出看轻百工的价值观念。墨子也从来不避讳自己工匠的身份。墨子十分乐于进行发明创造，并不断总结和概括技术知识与经验。墨家学派与其他学派的不同之处在于其意识到科学技术的重要性和作用。

---

① 季中扬.《庄子》中的技艺美学与工匠精神［J］.江苏社会科学，2021（3）：168-175.

墨子不仅在思想上肯定科学技术的价值，同时积极从事科学技术实践活动，对当时科学技术的发展产生了重要的影响。墨子提出教育是为了培养对天下有益的人，主张注重对技术的追求，同时倡导关注道德修养、人格及职业精神的塑造。墨子对技术的认识呈现出一种理性的态度，他主张积极主动的创造精神、谨慎的实践态度以及求实的科学精神，主张在器物的制作过程中追求一种精益求精的目标，在遵守规矩的同时，敢于创新和打破常规，这是墨家学派独有的特征。墨子对科学技术有着独特的见解，主要包括尚技、尚法仪、尚巧等思想，蕴含着劳动者美好的向往与诉求，是中华民族特有的精神象征。墨子所提倡的精于技艺、创新等精神品质，与现代工匠的精神价值体现有共同之处。

（五）社会主义先进文化视域下对工匠精神的阐释

社会主义先进文化是在党领导人民推进中国特色社会主义伟大实践中，在马克思主义指导下形成的面向现代化、面向世界、面向未来的，民族的、科学的、大众的社会主义文化，代表着时代进步潮流和发展要求。社会主义核心价值观是社会主义先进文化凝结出的精华，工匠精神契合了社会主义核心价值观中敬业的要求。在行业众多的社会环境下，工匠精神要求人们能够在各自的工作岗位上始终保持认真负责的态度，体现出劳动者的精神品质和价值追求。

在全社会厚植工匠精神的过程中，形成了职业道德、创新发展、爱国情怀的体系。这为实现中华民族的伟大复兴提供了行动指南，促进了工匠精神与中国梦、制造强国、改革创新等时代主题的实践联结。

四、工匠精神的核心要素

（一）砺"匠术"——爱岗敬业，技艺精湛

能炉火纯青地掌握一门技艺绝非易事，但工匠精神的境界远不止于此。日本木工大师秋山利辉坚信：有一流的心性，必有一流的技术。的确，倘若没有发自肺腑、融入血液的热爱，怎能做到废寝忘食、专心如一、无怨无悔地付出？"爱岗敬业"的职业精神是工匠精神得以实现的根本前提。

所谓"爱岗"，就是热爱本职工作，不能这山望着那山高。所谓"敬业"，就是要一丝不苟，认真负责，钻一行，精一行，要扎扎实实在学习和实践中积累知识经验、方法原理、操作技能和手艺本领，掌握完备的专业知识技能，精通立身之本。技艺精湛代表个人的专业水准和专业追求。依据人职匹配理论，只有将个人的特征和成长与职业需求协调一致，向着技能型人才奋进，才能大幅提高工作

效率和职业成功的可能性。作为一种典型的职业精神，爱岗敬业作为共通要素将"职（业）"与"岗（位）"联系在一起，并使学生的职业素养和工匠精神培养有机结合。

（二）怀"匠心"——精益求精，臻于至善

工匠专注于艺、追求完美的价值取向，时时鞭策着他们在专业领域内追求极致。当前，科技的"高精尖"使产业不断向着精细化生产和高端制造的方向转变，精益求精、臻于至善的极致追求构筑了新时代工匠精神的坚实基础。

精益求精、臻于至善的素养品质，在教师群体中表现为在教学态度、教学能力和自我认同等内生力量方面的不懈追求和自我完善；不仅要热爱教学，还要在教学认知、情感、行为意向上追求臻于至善，在技艺锤炼中精益求精。在知识与技能日积月累的精雕细琢与精进过程中，教师需要具备强大的心理韧性和积极乐观的自我效能感，遇到困难与挫折时坚定信念，对自身胜任工作与学习的能力有高度的认可与自信。对于培育新时代工匠精神而言，如果将"精益求精"视为"追求完善的自己"，那么"接受追求卓越中的失败"则是"悦纳不完善的自己"，能够调整情绪认知，让人以一种宁静安和的心态投入创作活动之中，最后达到以宗教的禅定之心和哲学的审美眼光来欣赏创作之物。这样，在接下来的工作中，力争做得更好的心态便自然而然地产生了。

（三）铸"匠魂"——严谨专注，笃定执着

"匠魂"是指工匠对本职工作心存敬畏，将自己的"魂魄"和全部心血都投入工作之中，达到人与物的高度契合，是工匠内在品质的灵魂所在。综合表现为工匠在工作作风和理想信念方面的严谨专注和笃定执着。古人早已告诉我们，要想学有所成、行有所得，就必须专心致志、坚定执着。古代的能工巧匠以矢志不渝的执着、心无旁骛的专注，升华了自己的人生境界，取得了卓越的成就，为后人铭记。同样，今天有很多杰出的社会主义劳动者，如我国火箭"心脏"焊接人高凤林等，以专注笃定演绎着新时代的恪守之心，生动诠释了当代匠人的风采与内涵。

教师在学习与工作中必须具有严谨专注、笃定执着的"匠魂"，拥有一颗笃定淡然之心，执着专注地去做好一件事情，才能从容面对物欲横流的纷扰，不迷失于金钱名利的泥潭之中，坚守自我，宁静致远。匈牙利心理学家米哈里·契克森米哈赖（Mihaly Csikszentmihalyi）在观察一些职业人，如乐队指挥、棋手、画家、歌唱家及攀岩者等时，发现这些人在工作时几乎是全神贯注地投入，常常忽

略对周围环境的感知，忘记时间悄然而逝。他认为这种由全神贯注所产生的心流体验是一种最佳体验，主要体现在五个方面：①全神贯注；②意识与动作融合，不知不觉完全投入了行动中；③下意识地自我掌控，满足周围环境要求；④行动明确，反馈及时且一致；⑤内在目的性，自我的陶醉与满足。教师在教育过程中，也可以通过这种心流体验，提高教学效果和自我满足感。教师通过这种职业专注与严谨，不仅可以潜移默化地淬炼心性，打磨技艺，精练技能，还可以通过不断提升自身的教学水平，获得职业认同感和荣誉感。

（四）炼"匠力"——合作共进，卓越创新

如果说爱岗敬业、精益求精、严谨专注是对传统工匠精神的继承，那么，合作共进、卓越创新则是新时代工匠精神内涵的发展。如今，在大机器生产的模式下，工匠尤其是产业工人的工作，只是分担众多工序中的一小部分，任何一个项目的完成都需要团队协作共进。同时，当今社会科技的进步为产品做精做细提供了技术支持，保障产品质量似乎并不难实现。在激烈的国际竞争中，唯创新者进，唯创新者强，唯创新者胜。因此，新时代的工匠精神还要大力提倡立足于传统基础上的创新，只有创新，才能推动产品的升级换代，才能满足新时代社会发展和人民日益增长的对美好生活的需要。"双师型"教师队伍具备"匠力"——合作共进、卓越创新，是时代发展赋予他们的义不容辞的责任。

在"双师型"教师队伍的成长与发展的过程中，"匠术""匠心""匠魂""匠力"缺一不可。别具"匠术"，独具"匠心"，颇具"匠魂"，终具"匠力"，四"匠"合一，是新时代工匠精神的核心要素，也是其工匠精神养成的应然结构。"匠术"是本，"匠心"是基，"匠魂"是神，"匠力"是器，四者相辅相成、融为一体，才能富有生机与活力，共同支撑起工匠精神的智慧、奉献与追求，共同推动"双师型"教师队伍的发展。

五、工匠精神培育的价值意蕴

纵观历史，工匠精神始终是推动中华文明持续向前发展的强大精神动力，在我国的革命、建设与改革中发挥了重要作用。当前，中国特色社会主义已经进入新时代，更加需要可堪大任的高质量人才。

工匠精神培育的价值意蕴主要表现在以下六个方面。

（一）有利于实现国家高质量发展

党的十九大报告首次提出了中国经济转向高质量发展阶段，这关系我国社会

主义现代化建设全局。立足新发展阶段，高技能人才不仅是支撑传统制造业的重要基础，更是为中国制造、中国创造、中国建造提供有力人才支撑和技能支撑的强劲引擎，能切实强势推动高质量发展，提高我国的国际竞争力。工匠精神能够助力国家高质量发展，实现从制造大国到制造强国的转变。

回顾历史可以发现，中国制造业最初主要依靠外来技术的引进才得以发展。在经历了一段相当长时间的学习模仿后，发展成为当今世界第一制造业大国，并积极融入全球价值链分工。然而，我们也要清楚地认识到，我国制造业依然存在短板，随着我国人口红利的窗口期消失和资源的过度开发利用，我国制造业优势不断减弱，产品的质量水平整体不高、缺乏自主创新性，在全球价值链的分工体系中仍处于中低端，难以在日益激烈的国际竞争中取得长远发展。

产生这一现象的原因较多，其中工匠精神弘扬和培育的力度不够是一个重要原因。当前我国一些制造企业偏好多元化投资而不是专注于一项产品的研发和生产，自主创新能力不足。纵观日本、德国和美国等这些处在全球价值链前端的国家，无一例外都极其注重单一高质量产品的创新与拓展。美国工匠精神的内在本质是突破界限的创新力，这种创新力是让美国制造业领域一直在国际上保持领先地位的重要因素。同时，国内的一些制造企业往往以采购设备等投资方式为主，对以工匠精神为核心的技术和素质的培训投入不多。实质上，在推进制造业转型升级的过程中，制造的每个环节都需要劳动者的参与，需要劳动者以执着专注、一丝不苟的态度投入工作中，也只有这样才能生产出高品质的产品，让世界真正感受到中国制造的魅力。

在从制造大国向制造强国迈进的过程中，离不开挖掘释放"人才红利"，而高校则承担着由"人口红利"向"人才红利"转变的任务。新时代工匠精神的培育不应局限于技能训练，还要丰富精神层面的价值信仰，使工匠精神成为"双师型"队伍建设的普遍追求。

（二）有利于中国梦的实现

中国梦的实现需要全体人民的努力，我们要通过培育杰出工匠，助力中国梦的实现，使人人在实现中国梦的征程中大放异彩。目前，我国已经成了一个制造业大国，但是制造行业产品的低质量以及较低的创新水平，意味着制造业的发展还存在较多问题。重视产品质量，推动制造业发展，是当前培育工匠精神的目标导向。我们要改变原来只注重生产规模的方式，把高质量发展融入整个生产过程，使所有行业都重视产品质量，从而推动经济的高质量发展。实现这种转变，就需要培育更多具有创新能力的人才，不断地发展高品质制造业。培育工匠精神有利于培育国家发展所需要的人才，推动中国发展成为制造强国，助力中国梦的实现。

1. 工匠精神是培育具有自主创新能力人才的必然选择

当前，我国经济发展迅速，在各方面取得了巨大的成就，但仍然存在一些问题。我国经济发展较为注重速度与效率，出现发展质量较低的问题，同时在发展过程中整体创新实力不足。提高国家整体的创新能力，需要培育大量具有自主创新能力的人才，鼓励工人开拓创新。以工匠精神助力创新人才的培养，培养具有自主创新能力的人才是建设创新型国家的重要举措，是国家繁荣富强、民族振兴的重要举措。培养大量具有自主创新能力的人才有利于我国充分利用资源，有利于推动我国高端产业、科技事业的发展，从而使我国在国际竞争中赢得优势。

工匠精神是具有创新内涵的精神力量，继承和发扬工匠精神就是在提倡创新。培育具有工匠精神的人才，就是将提高创新意识落到实处，增强创新能力。在产业和技术革命的推动下，创新成为提高各国竞争力的关键因素。创新能够指导我们不断认识规律，并且利用规律，从而实现新的跨越，助力社会的不断发展。从古至今，科学技术的发展都离不开工匠。在中华人民共和国成立初期，我国出现了倪志福、郝建秀等杰出的工匠，他们分别创造了三尖七刃麻花钻、细纱工作法，推动了我国的发展与进步；改革开放以来，出现了计算机汉字激光照排技术创始人王选、被誉为"电池大王"的制造商王传福等，他们是传承并发扬工匠精神的优秀代表，让中国制造闻名世界。具有自主创新能力的人才是推动经济不断发展的力量支撑，要真正推动中国经济高质量腾飞，培育具有自主创新能力的人才是关键。因此，要继承和发扬工匠精神，就要培育具有自主创新意识和能力的人才。这不仅是现今企业生存发展的必然要求，更是我国实现制造强国目标的根本力量。培育工匠精神成为国家培养创新型人才的必然选择，在这个大力推崇创新的时代，为了使我国的资源优势转变为创新优势，需要创造条件不断激发劳动者的创造热情，培育大量创新型人才，助推创新型国家建设。

2. 工匠精神是打造高品质制造业的必然要求

改革开放以来，中国制造业发展迅速，建立了类型丰富、独立发展的体系结构。我国未来发展高质量经济、打造社会发展的动力，获得竞争优势的关键在于制造业。制造业的发展非常重要，但不能忽视一个客观的事实：虽然中国制造业数量庞大，但实力不强，缺乏核心技术。与世界上其他一些国家的制造业相比，我国一些产品的质量及设计还存在差距。个别企业粗制滥造的生产模式导致中国的制造业失去了与其他国家竞争的优势，出现了一些产品质量问题。一些国家对中国制造存在严重偏见。为了解决这些问题，就需要发挥工匠精神的作用，将工匠精神蕴含的价值融入产品开发与制作过程中，培养劳动者认真、严谨、一丝不苟的态度，从而打造出精益求精的产品。

历史实践的经验表明，当今世界制造强国的形成与其对工匠精神的看重有着巨大的关系。德国之所以成为当今世界上的制造强国之一，原因在于其对工匠精神的重视。他们的工匠对于每一个部件、每一步流程都极为重视，尤其重视产品的质量，精雕细琢，追求极致。正是拥有大批这样杰出的工匠，德国才能发展出宝马、西门子等国际知名品牌，推动德国制造享誉世界。日本的发展与工匠精神密切相关。日本匠人专注于本职工作，坚持做一项工作。日本的匠人对所从事的职业有着敬畏之心，这份敬畏使他们对技艺有着极致的追求，进而促进日本制造业不断发展，闻名各国。意大利工匠对产品质量有着极致的追求，对产品的设计也不断创新，他们制作的家具、汽车远近闻名。工匠精神也成为促进意大利制造业发展的重要原因之一。我国要发展成为世界强国，需要制造业的参与，通过发展制造业，提高我国的综合国力，维护国家安全。工匠精神是我国打造高品质制造业的必然要求。我们必须认识到培育工匠精神对于制造业的重要作用，使之成为匠人骨子里的东西，成为国家生生不息的精神力量。

高品质制造业的打造需要工匠精神。首先，精益求精、追求卓越的精神促使工人不断更新自己的观念，改进自身的技术，从而培育出高素质的劳动者，进而提升产品质量。其次，工匠精神有利于激发从业者的爱岗敬业、创新及奋斗精神，从而提高生产效率，促进我国经济的发展。

（三）有利于弘扬积极进取的价值观

在当前的社会背景下，受到各种社会思潮、网络文化的影响，我国大学生的价值取向呈现多元化、复杂化的发展趋势；加之物质生活越来越富足，一些家长对孩子娇生惯养、袒护溺爱，使其价值取向扭曲、道德观念薄弱。在现实生活中，部分大学生被一些不良价值取向误导，幻想不劳而获，崇尚享乐主义、拜金主义。他们整天无所事事、贪图安逸又拒绝付出，盲目崇拜高阶层精英而漠视普通劳动者。社会强烈呼吁对大学生进行正确劳动价值观的培养。

以工匠精神引导大学生树立正确的劳动价值观，是对好逸恶劳等错误价值取向的积极应对。工匠精神具有强烈的社会实践性，是乐观进取、创新拼搏、奋斗担当的最好体现，是劳动者克服挫折与艰难险阻、勇担使命与不懈奋斗的精神支柱。工匠精神也是大学生成长成才过程中不可缺少的养料，是他们勇立潮头、奋勇搏击、朝乾夕惕的动力来源。

对于国家而言，中国从近代的落后挨打一步步发展到今天站在世界舞台的中央，靠的就是坚忍不拔的精神。正是无数劳动人民的长期奋斗拼搏，我们的社会才得以延续发展到今天，并将继续在这种精神的作用下创造更加美好的明天。

对于个人而言，劳动是人的本质活动。在生产劳动的过程中，劳动能够把人的主观能动性和客观规律相结合，创造出人类赖以生存的物质层面的价值；同时，人只有通过劳动才能使自己的潜能得到激发、天性得到解放，在劳动过程中获得满足感和体验感，从而对自我的价值产生肯定，创造出妙不可言的精神价值。

大学生是国家的未来、民族的希望。对大学生进行工匠精神培育，可以有效抵制错误价值观的侵蚀，有助于引导大学生树立劳动面前人人平等的观念，使他们认识到无论是体力劳动还是脑力劳动都值得尊重和鼓励，从事任何职业都可以通过双手创造幸福。通过工匠精神培育，大学生能够不断认可劳动光荣的价值观，进而践行奋斗不止、精进不怠的拼搏理念，最终自觉成为社会积极主流价值观的倡导者。

（四）有利于传承与发展中华优秀传统文化

工匠精神是中华优秀传统文化的重要组成部分。在历史的长河中，劳动者以执着专注的态度、勇于创新的精神，用自己的双手创造了许多精美的作品，为中华优秀传统文化留下浓墨重彩的一笔。

《我在故宫修文物》节目展示了文物修复专家"择一事，终一生"的精神。他们用精湛的技艺，几十年如一日地守护国家宝藏，体现了其对工作的信仰。故宫青铜器修复师王有亮，十九岁进入故宫学习青铜器修复技能，在师父赵振茂先生的引导下，学习青铜器修复时的调色等复杂工序，最终成为故宫顶级的修复专家。"马踏飞燕"和"莲鹤方壶"代表了我国古代青铜器制作的精湛技艺，在王有亮和其师父赵振茂共同修复下，这两件稀世珍宝大放异彩；"修故宫的人"李永革，作为我国"官式古建筑营造技艺"非物质文化遗产传承人，终其一生学习古建筑修缮，修缮故宫四十余年，退休后依然忙碌在一线，推动古建筑建造之法的传承工作。他们用自己的方式在修缮中保护好"历史"，传承中华优秀传统文化。

（五）有利于践行社会主义核心价值观

社会主义核心价值观是我国文化建设的基本遵循，是主流意识形态的重要内容。其中"爱国、敬业、诚信、友善"作为公民层面的价值准则，与工匠精神中爱岗敬业、精益求精、执着专注、敢于创新的内涵相契合。因此，工匠精神是社会主义核心价值观的生动体现。

匠人在制作产品时秉持工匠精神，不断追求卓越，支撑他们的是他们对祖国的满腔热忱。社会主义核心价值观中的敬业要求公民勤勤恳恳，在自己的工作岗位上兢兢业业、尽职尽责，服务社会。这与工匠精神中精益求精、爱岗敬业的精神是统一的。诚信是人类社会千百年传承下来的道德传统，是社会道德建设的重要内容。社会主义核心价值观所倡导的诚信是以诚待人、以信取人。在儒家学说中，"信"是"仁、义、礼、智、信"伦理"五常"的重要内容。孔子说过："人而无信，不知其可也。"（《论语·为政》）这句话是指一个不讲信用的人，丧失了做人最起码的资格，是不能在社会中立足的。因此，一个人只有讲诚信，才能获取他人的信任，才能建立良好的社会关系。工匠精神的培育同样离不开诚信的基础。工匠精神强调精益求精、追求卓越和责任担当，而这一切都必须建立在诚信的基础上。没有诚信的工匠，无法赢得客户和社会的信任，进而也无法在市场上立足。只有秉持诚信，工匠才能不断提高自己的技能，保证产品的质量，从而实现真正的工匠精神。诚信不仅是个人品质的体现，更是工匠精神的重要支柱，是工匠精神得以传承和发扬的重要保证。友善指的是友好待人，与人为善。一个具备工匠精神的人，在面对技艺比自己高超的人时，并不会心生嫉妒，而会产生一种敬仰之情，向其虚心请教，学习经验；在面对技艺不如自己的人时，也不会高傲自负，而是悉心教导，无私传授自己的经验。这都是友善的具体表现。

在当今社会倡导工匠精神，并非要造就技术过硬的工匠，而是要培育拥有工匠精神的人才。只有这样，才能使国家实现从制造大国向制造强国的转变，实现富强、民主、文明、和谐的价值目标。

（六）有利于实现个体发展

工匠精神对企业和国家都具有重要的作用，同时也是实现个体发展的精神力量。普通劳动者要想发展成为大国工匠，必须以工匠精神为指引，促进自身技术的创新与提高。工匠精神作为一种精神力量，对个体的发展起着方向引导、目标指向的作用，有利于个体形成正确的职业价值观，有利于培养良好的职业道德，有利于个体价值的实现。

1. 有利于个体形成正确的职业价值观

职业价值观是一个人对职业的认识和态度以及对职业目标的追求和向往。树立正确的职业价值观可以促进个体的发展。随着社会的发展，很多新的思想涌入，传统的观念受到巨大的冲击，人们的职业价值观也因此受到影响。错误的职业价值观不利于人们进行科学的职业规划，也不利于个体的发展。工匠精神中蕴含的爱岗敬业精神是一种正确的职业价值观，提倡工匠精神可以消除当今社会中蔓延的浮躁心理、不良思想的影响，促使人们形成积极理性的社会价值观。由于人的一生与职业生涯息息相关，所以职业生活的好坏以及是否具有职业幸福感，直接影响着人们的现实幸福感以及整个社会的幸福程度。而工匠精神在精神层面上提高了人们的职业幸福感，引导人们面对职业生活中的各种挑战，提升人们的自信心，使人们全身心地投入工作。工匠精神蕴含着道德素质与良好的认知，反映出一个人的责任感与职业担当，体现了社会对劳动人民的关注以及对其付出的劳动的认可。工匠精神的培育有利于加强个体的职业认同感，促使个体形成正确的职业价值观。

工匠精神为人们树立正确的职业价值观提供了理论基础。工匠精神中蕴含的精益求精的精神以及追求卓越的创新精神对人们的生产实践起着重要的引导作用。人们在生产实践中希望通过自身的努力及技能的运用实现职业目标，工匠精神会将人们的理论与方法融为一体，从而促进人们职业价值观的形成。除此之外，工匠精神中蕴含的严谨、专注的态度也推动着个体职业价值观的形成。在社会不断发展的过程中，我国涌现出了许多优秀的工匠，现代国家级工匠高凤林、宁允展、胡双钱等，对航天事业、高铁工业、航空事业等的发展起到了巨大的推动作用；美国的富兰克林、怀特兄弟等人具有勇于创新、不怕失败的工匠精神，取得了改变世界的创造性成就；日本的小野二郎、秋山利辉追求技艺的完美，关注细节，以精湛的技能、一丝不苟的精神创造出闻名世界的品牌。这些优秀的匠人在工匠精神的引导下，坚持职业操守，形成了正确的职业价值观，促进了自身的发展，推动了社会的进步。因此，我们要努力培育工匠精神，使各行各业的劳动者承担相应的社会责任，形成正确的职业价值观。

2. 有利于培养良好的职业道德

大学生作为这个时代的生力军，其道德水平直接关系到整个社会的精神面貌。大学生是社会精英的"储备军"，对当代大学生进行德育，提升其道德水平，有助于引导大学生树立正确的世界观、人生观和价值观，提升高校德育的实效性。工匠精神契合了高校德育的这一要求，有助于切实提高大学生的道德素质。

工匠精神培育有助于大学生厘清个人理想与人生价值之间的关系。从事各种职业的人都可以在自己的岗位上表达爱国之情，不论是卓尔不凡的科学家、知识渊博的教授，还是技能卓越的工人、勤劳朴实的农民，抑或是朝气蓬勃的学生，只要能够专注于自己所从事的行业，脚踏实地、兢兢业业、认真负责地对待自己的工作，就有助于国家发展、民族进步、社会和谐。这就是爱国的基本体现。学习工匠以技能报国的精神，能够使大学生不断增强对个人理想的认识，持续深入地理解个人价值，明白只有将个人的理想置于社会发展的大背景之下、将个人的价值融入实现中华民族伟大复兴的光辉事业之中，才能为实现个人理想提供更广阔的天地。

工匠精神培育是帮助大学生形成正确职业道德的有效途径。大学生职业道德是其在接受职业教育过程中需要遵守的行为规范和行业准则，可以起到一定的监督和制约作用。修业必先修德，大学生能否成为一个有用的人才，关键在于如何处理"德"与"才"的关系。如果没有良好的职业道德素养，即使具备了扎实的专业知识，也难以成为一个对社会有用的人。大学生在我国未来的发展中起着中流砥柱的作用，他们的职业道德水平将会影响国家的整体发展步伐。工匠精神是职业素养的最高体现，它要求每个劳动者都能够立足于自己的本职工作，发自内心热爱自己所从事的职业。这恰恰符合爱岗敬业的基本职业道德规范要求，也体现了从业者诚实劳动、讲求信誉的职业道德操守。

德包括政治品德、职业道德、社会公德等，工匠精神融入大学生职业道德教育，就是要培育青年学生不仅要有匠才更要有匠心，始终以饱满的精神状态去迎接每天的工作。工匠精神培育有助于引导大学生形成正确的职业道德，强化其社会责任感，在全社会营造出良好的职业道德氛围。

3. 有利于个体自我价值的实现

传统手工业者的造物活动，并不是简单的重复性劳动，而是一种不断开拓创新的过程，是不断追求技艺精湛的过程。他们在工作中不断学习，在劳动过程中发挥自己的才能，实现自我价值。明代医药学家李时珍，弃科举而学医。在行医的过程中发现传统的本草药典中有许多错误和不足之处，于是立志修药典。他走遍名山大川，遍访民医宿儒、和尚道士，搜集了很多民间偏方，经过二十七年的长期努力，编撰了《本草纲目》。这部著作成为16世纪中国最系统、最完整、最科学的一部医药学著作。《本草纲目》的刊行，不仅实现了李时珍的个人价值，也实现了社会价值，促进了本草学和医药学的进一步发展。

社会生产实践活动必然会产生工匠精神，这是人们对事物完美无缺的追求以及高尚品格的体现。只有通过劳动才能创造物质财富和精神财富，自我价值的实现就存在于自己用双手创造的作品中。一个人只要具备精益求精的工匠精神，工作对他而言就会变成一种忘我的投入而非痛苦的事情，从而令其在工作中获得满足感，在自己的职责范围内以精益求精的态度为社会做出应有的贡献，实现自我价值。在当今社会，机器生产的出现使劳动者的工作在一定程度上变成了简单的重复，不仅不利于劳动者自身的发展，也导致产品生产重数量而轻质量。因此，新时代要倡导工匠精神，激发劳动者的创作激情和创新动力，使劳动者在创造中实现自我价值。

第二节　高职院校"双师型"教师内涵界定

一、高职院校"双师型"教师的内涵

1866 年，马尾船政学堂在福州创建，这是我国职业教育发展的开端。此后，高职院校的发展极为缓慢，这种状况一直持续到改革开放前。1978 年改革开放后，国家开始高度重视职业教育，并在财政方面加大了扶持力度。

"双师型"教师这一概念是对国外同类教育进行借鉴后提出的，近年来发展较快，成为未来高职教师发展的新方向。在对国外同类"双师型"教师进行分析和比对后，学术界对于这种类型教师的看法主要涉及以下几个方面。

①"双资格"：教师同时具有双职称或双证书，职称包括专业技术职称和学术职称，证书包括学历证书和技术等级证书。

②"双来源"：一类是来自学校的具有扎实学识和丰富教学经验的专职教师，另一类是来自企业的具有高水平实践操作能力的兼职教师。

③"双素质"：既有理论素质，又有实践素质。高职院校课程的设置一般为"文化课+专业课"，这对教师的要求相应地提高了。教师不仅要掌握充分的专业知识，能够教授相关理论知识，还需具备扎实的实践能力，能够带领学生开展实践活动并进行指导。

根据以上分析，对"双师型"教师的理解，可以概括为三类："双能力"，教师同时具备理论教学和实践指导的能力；"双证书"，教师需拥有职业资格证书和教师资格证书；"双层次"，教师既要在教学领域成为专家，又要具备育人能力，即同时具备教学和思想引领能力。在界定"双师型"教师时，基本出发点就是符合"德才兼备"的标准，树立正确的价值观念，使学生不仅能够熟练掌握所学技能，还能对就业观念和职业精神等有更深入的理解。

二、高职院校"双师型"教师的要求

高职院校"双师型"教师应达到以下基本要求。

第一，具有良好的政治思想素质与文化素养，熟悉高职教育教学基础理论，遵守高职院校教师职业道德规范。

第二，具有高校教师资格与高校教师系列（含实验系列）中级及以上专业技术资格。从事本专业课程教学满一年及以上，并曾独立承担本专业或相近专业实训教学任务满一年或教授实训课程至少一门。熟练掌握所授专业的基础理论和专业知识，了解相关学科专业知识，具有良好的专业教学能力和业务水平。

第三，具有本专业或相近专业非教师系列初级及以上专业技术职称，或具有从事本专业初级及以上"双师型"教师应具备的职业资格证书（包括行业特许资格证书和专业技能考评员资格）。具有一定时间的企业一线本专业技术实践工作的经历（时间与具体要求根据"双师"级别不同而定）。具备扎实的专业实践能力和较强的技术服务、技术应用能力，能够熟练指导学生进行专业实践和技能实训。

第四，主持或主要参与并指导学生在各类教学技能竞赛或专业技能竞赛中获奖。主持或主要参与本专业或相关专业的应用技术开发研究项目，且成果已被企业使用，效益良好。主持或主要参与校内实践教学设施建设或提升技术水平的设计安装工作，效果良好。获得与本专业相关的产品发明专利，或获得行业企业认可或市厅级以上政府授予的与本专业相关的荣誉称号。

三、高职院校"双师型"教师的结构

（一）数量结构

数量结构指"双师型"教师在整个教师队伍中所占的比例。这一比例在一定程度上反映了"双师型"教师队伍的质量与素质。高职教师队伍中应有相当数量的"双师型"教师，以确保整体的素质。

（二）年龄结构

年龄结构指"双师型"教师队伍中教师的平均年龄和各年龄段的分布状况。合理的年龄结构是教师队伍教学与科研活力的标志。队伍老化或年轻化都不是合理的"双师型"教师队伍结构，必然会引发各种各样的问题，不利于高职教育的发展。"双师型"教师队伍中不同年龄段的教师必须形成承前启后的年龄梯队走势，并逐步降低教师队伍的平均年龄，以确保后继有人。

（三）学历结构

学历结构是指"双师型"教师队伍中各种不同学历教师的构成情况，其在一定程度上反映了"双师型"教师队伍的理论知识、业务基础和科研水平，是衡量高职教育教学质量和人才培养质量的重要尺度。一般来说，教师队伍中高学历教师比重越大，教师队伍的业务素质基础越好，人才培养质量越高。

（四）职称结构

职称结构指"双师型"教师队伍中各级职称的比例及其相互关系，其基本反映了教师队伍的学术水平和工作能力。合理的职称结构能充分发挥"双师型"教师队伍的效能。虽然职称能相应地代表一定的知识与能力，但目前高职院校关于职称的评审大多依据本科院校的评审标准，因此，完善高职院校的职称评审标准，更有利于构建合理的"双师型"教师队伍职称结构。

第三节　工匠精神视域下高职院校教师职业定位

一、高职院校的特殊性

根据我国教育发展的现状，教育部教育发展研究中心将高校分为四类：①教学型本科院校。它主要以本科生为教学对象，非常特殊的情况下会有为数不多的专科生或者硕士研究生。②研究型大学。这类学校致力于培养高层次人才和研发科学技术，研究是其第一要务。③教学研究型大学。它以本科和硕士研究生为主要教学对象，特殊的行业性强的专业会有博士研究生。④高等专科学校和高等职业院校。这类学校主要是培养当地经济社会发展所需的技术技能型人才，专业设置比其他类型的学校灵活。

现代高等教育的四大职能为人才培养、科学研究、社会服务、文化传承与创新。这四项职能对高职院校来说也是必不可少的，但侧重点不同。高职院校的四大职能侧重点与本科院校有很大的区别，在人才培养方面更侧重具备实践操作能力的高技能应用型人才的培养，在科学研究方面更侧重有针对性的应用科学研究，在社会服务方面更侧重于服务区域发展和当地经济建设，在文化传承与创新方面更侧重传承及发展优秀地方文化和优秀民族文化。

（一）人才培养的特殊性

相比研究型大学侧重培养理论研究型精英人才，教学研究型大学侧重培养综合型人才，教学型本科院校侧重培养应用型高级专门人才，高职院校主要培养高技能应用型人才。

高职院校的人才培养基本是三年制：第一年和第二年主要学习基础课程和专业课程，第三年主要安排顶岗实习和毕业设计，其中学生参与实践操作的时间达到一年半以上。这种人才培养模式具有以下特点。

第一，培养目标是应用型人才。职业教育与普通教育不同，教育目的是培育理论知识和实践技能都高的应用型人才。这一基本教育目标决定了职业院校的教师应是具备理论知识与实践操作技能的"双师型"教师。在人才供给与人才需求结构性失衡的背景下，研究构建科学合理的高职院校"双师型"教师评价体系，对实现高职教育的人才培养目标具有深刻的实践意义。

第二，教学重点是实践教学。要培养理论知识和实践技能都高的应用型人才，高职教育的教学内容一定要有足够多的科学技术知识，教学过程还要加强对学生实践能力的培养，这样才能适应社会发展的需要，培养满足岗位要求的人才。要做到这点，实践技能的培养应该和理论知识教学放在同等重要的位置上，这对高职教师也提出了更高的要求，要求高职教师必须是"双师型"教师。

（二）科学研究的特殊性

研究型院校的科学研究旨在发现新的自然规律或重新认识规律，拓宽知识的边界，而高职院校的科学研究功能则重点放在解决实际生产问题等应用领域的研究。

与其他三大功能相比，特别是与普通本科院校相比，科学研究功能是多数高职院校的薄弱环节。从每年的高校科技统计资料来看，高职院校科技经费投入、参与科技项目数量和科技成果产出明显低于本科院校。在四类高等教育院校中，"兜底"的高职院校资金和资源存在不足，因而导致应用性研究不够全面。

（三）社会服务的特殊性

从社会服务的角度来看，高职院校主要服务于区域和地方的经济社会发展。高职院校与区域经济发展是相辅相成的，一方面区域经济发展程度会影响高职院校的办学规模和办学水平，另一方面，高职院校人才培养效果及人才输出的规模又会影响区域的经济发展水平。

关于高职院校就业情况的调查显示，高职院校一半以上的毕业生会选择留在毕业院校所在地区就业。所以，高职院校要与具备条件的企业积极开展合作，提高自身对区域经济发展的社会服务能力。

（四）文化传承与创新的特殊性

从文化传承与创新方面看，高职教育更能传承非物质文化遗产，促进地方和民族文化的发展。

高职院校在传承、弘扬和创新地方和民族优秀文化方面发挥着非常重要的作用。地方和民族文化丰富而独特，具有职业教育和文化教育的双重属性。高职院校应贴近地方和民族文化设置相应的专业，培养出服务于地方和民族文化发展的高技术应用型人才。

二、高职院校"双师型"教师岗位的特殊性

与普通高校教师及高职院校的非"双师型"教师相比，高职院校"双师型"教师存在以下不同点。

（一）培养对象不同

通常来讲，高职院校是专科学历的教育，与本科院校相比，学生的录取分数要低很多。大多数学生的人生目标都不够明确，且职业生涯规划不够清晰，学习基础薄弱，学习能力差，学习主动性和积极性不足，因而教育难度较大。由此可见，高职院校"双师型"教师必须具备更高的能力和素质水平，既要有足够的理论知识和实践技能，又要有灵活应变、因材施教的教学能力。

（二）培养方向不同

高职院校主要是培养应用型人才，学生毕业后大多从事一线生产服务工作，在就业群体当中地位不高，不受重视，故而要求学生具备足够高的技术技能水平，才能在就业市场当中具有不可替代性，化劣势为优势。这需要高水平的"双师型"

教师对其进行重点培养，并且加以引导，促使他们不断提升自己的技术技能水平，满足经济社会发展的需要。

（三）要具备足够的实践经验

高职院校教师在做好理论知识讲授的同时，还需要进行足够的实践指导，这就需要"双师型"教师有足够多的实践经验，如在企业从事相关的工作或挂职锻炼，参加过类似的技术技能培训，考取过相关的职业资格证书，等等。这样才能积累足够的实践经验，提升实践教学的指导能力，从而培养学生的实践能力。

三、工匠精神视域下高职教师职业定位

（一）工匠精神引领者

高职院校作为工匠精神孕育和发展的核心阵地，教师和学生是弘扬工匠精神的主要载体。历经工匠精神的潜移默化，历经工匠灵魂的感化，高职学生的工匠潜能方能得以激发，工匠能量方能得以有效发挥。高职教师认知工匠、理解工匠、崇尚工匠、弘扬工匠，扎根工匠精神育人才，方能引领高职学生培育工匠精神。

（二）工匠精神践行者

高职教师应基于工匠精神引领，落实立德树人根本任务，做好技术研究、课程设计、课堂教学、学生指导、教研科研等工作，以工匠精神指导学生，努力做工匠精神的践行者。

（三）大国工匠追求者

大国工匠是工匠职业发展的最高境界，是工匠金字塔的顶层人物，其杰作或者轰动一时，或者流传千古，或者有益于大众。大国工匠精神的精髓在于：一是对细节的高度注重，对完美和极致的追求，不惜时间、精力对产品和服务的反复改进；二是诚心正意，术业有专攻，杜绝投机取巧；三是大国气魄与匠人独特风骨的显露，产品与服务的令人叫绝，技术和技能上的"不可能"挑战，凸显"绝"字。高职院校应树立大国工匠典型、宣扬大国工匠事迹、研究大国工匠产品、弘扬大国工匠精神，把大国工匠作为高职院校师生的人生目标，以效仿大国工匠为路、以推崇大国工匠为幸、以接近大国工匠为福，做大国工匠的追求者，做崇尚大国工匠的引领者和主力军。

第四节　工匠精神与高职院校"双师型"教师专业发展的内在关联

一、高职院校"双师型"教师专业素养的构成内容

高职院校"双师型"教师在专业发展的过程中，不仅要强化自身的专业知识与专业能力，更要侧重培养自身的教育信念、情感态度以及价值观。在此方面，工匠精神的价值取向与高职院校"双师型"教师专业发展具有高度的契合性。高职院校"双师型"教师的专业素养不仅影响着教学成效，同时也会在很大程度上影响高职学生的身心健康发展。

高职院校"双师型"教师的专业素养主要由专业知识、专业能力和专业精神三个方面构成。其中，专业精神指在高校工作过程中能够遵循职业规范和相关要求，严格把控教学环节质量，尤其是基于教师专业技能的一种敬业精神。具有专业精神的教师十分热爱自身工作，能够在工作过程中对自身的价值进行深入挖掘，并能发挥最大的效用。高职院校"双师型"教师的专业精神是他们基于对自身未来发展的自我预期，不断努力追求，实现自我价值。工匠精神正是在高职院校"双师型"教师专业精神基础上的进一步延伸与总结提炼，对于高职院校"双师型"教师专业素养的发展具有积极的推动作用。

二、高职院校"双师型"教师专业发展的积极动力

高职院校"双师型"教师职业发展可以划分为三个层次。第一层次是生存状态，指教师的工作主要是为了谋生和支持家庭。第二层次是享受状态，指教师在工作的过程中不断品味生活和享受幸福。第三层次则是发展状态，指教师在职业生涯发展过程中致力于服务社会和实现自我价值。处于生存状态的高职院校"双师型"教师将教书育人视为生存手段，而非出于职业热爱或选择，这与工匠精神的内在要求并不契合。处于享受状态的教师通常对工作具有较高的热情，能够明确自身在职业生涯中的位置。相比处于生存状态的教师而言，处于享受状态的教师具有一定的工匠精神，体现在对工作的热情以及职业发展过程中获得的满足感和幸福感。处于发展状态的教师将教学工作定义为教书育人和人才培养的崇高事业，始终以服务学生发展为目标，辛勤工作，工匠精神在他们身上完全彰显出来。

高职院校"双师型"教师在专业发展的过程中,必须实现从生存状态向发展状态的转变,不断强化自身的专业化水准。当代所呼吁的工匠精神则是推动这种转变的积极动力。

三、高职院校"双师型"教师追求美的具体体现

高职院校"双师型"教师在专业发展的过程中,不仅要具备职业美,还需具备创造职业美的能力。这就要求高职院校"双师型"教师具备良好的审美观念和能力。工匠精神中极为细致和严苛的审美标准,如一丝不苟、精益求精,对高职院校"双师型"教师的专业发展起到重要的助推作用。在教师专业发展进程中,教育智慧是一种新境界,体现出艺术性、情感性、独特性和科学性特点。其中艺术性与情感性中蕴含着深刻的工匠精神。艺术性体现的是对艺术美的追求,与工匠精神中对自我价值的认知美契合。只有高职院校"双师型"教师真正理解了自身工作的价值,才能不断深化感悟,自主追求工匠精神。

第二章 高职院校"双师型"教师队伍建设的理论基础

高职院校是培养职业人才的基地，更需要高素质、高质量、有创造力和创新精神的"双师型"教师队伍。建设"双师型"教师队伍是新形势下高职院校重要而紧迫的任务。在建设高职院校"双师型"教师队伍的过程中，需要从多个角度出发进行理论探索，为我国高职院校"双师型"教师队伍建设提供充分的理论依据。本章将从激励强化理论、学习型组织理论、利益相关者理论、人的全面发展理论、教师专业化发展理论、教育内外部关系规律理论六个方面进行探讨。

第一节 激励强化理论

一、激励理论

（一）激励的含义

国内外对于"激励"有多种说法。其中，美国管理学家哈罗德·孔茨（Harold Koontz）和海因茨·韦里克（Heinz Weihrich）认为"激励"是由人的需要引发的一系列连锁反应，即人们在产生某种需要之后，就会试图满足这种需要。因此，在众多的行为选择当中，人们通常会选择能够满足自身需要的行为，进而采取行动，以实现最终的目标。[1] 美国管理学家斯蒂芬·P. 罗宾斯（Stephen P. Robbins）强调激励与需要之间的联系，认为激励是个体在满足自身需要的前提下，为了实现组织的目标付出努力的过程。若组织目标能够实现，而自身需要却无法得到满足时，个体通常不会付出高水平的努力。[2] 此外，美国经济学家爱德华·拉齐尔

---

[1] 孔茨，韦里克.管理学［M］.10版.张晓君，陶新权，马继华，等编译.北京：经济科学出版社，1998：301.

[2] 罗宾斯.组织行为学［M］.7版.孙建敏，李原，等译.北京：中国人民大学出版社，1997：166.

（Edward Lazear）也强调应当从员工的需要着手对其进行激励，认为"激励"就是雇主为了实现组织目标，通过对员工实施物质激励或者精神激励满足其物质方面或精神方面的需求，进而引导员工采取与组织目标一致的行动。[①]

通过对上述内容进行梳理可以发现：首先，激励不是单一行为，而是一个过程。其次，激励始于人们的需要和动机，如果激励无法满足人们的需要，便难以产生期望的效果。再次，需要借助一定的手段实施激励。由于能够激发人们努力工作的动力来源不只包括人们的物质需求，还包括其精神需求和感情需求等，所以可借助物质激励、精神激励、感情激励等多种手段对人们实施激励，以满足人们的不同需要。最后，激励总是指向一定的目标。对于领导者来说，总是希望能够实现组织的目标；对于员工来说，总是希望能够满足自身的需要，如晋升、加薪等。由此，不少研究者对激励做出如下定义：为了达到期望的目标，借助某种手段满足人的需要，进而调动人的积极性的心理过程。这个过程具有一定的规律：当人们产生某种需要时，需要就会引发动机，进而支配人们的行为，以求达到最终的目标。

根据不同标准对激励进行划分，可以得出不同的分类结果。如根据层次对激励进行划分，可分为宏观激励、中观激励和微观激励。其中，宏观激励指对整个社会的激励，范围最广；中观激励指对某类企业、某类部门等进行激励，范围较广；微观激励则可具体到对一个企业、一个车间、一个班组甚至一个人进行激励，范围最小。根据对象对其进行划分，可分为对激励主体的激励和对激励客体的激励。根据过程对其进行划分，可分为激励因素、激励实施、激励评价和激励反馈。根据因素对其进行划分，可分为物质激励和精神激励。

（二）激励理论的类型

国外的激励理论大致分为两类：经济学路线和心理学路线。前者假定人总是会追求最大化的经济利益。因此，若想充分激发雇员的工作动力，一方面要尽量给予雇员足够多的物质报酬，另一方面还要对雇员进行监督，对于雇员的不当行为应实施相应的惩罚，以防止雇员偷懒。而后者则认为个体不仅受外部力量控制，还受个体内在因素的影响。个体的行为动力既包括内在动力如自尊心、成就感等，也包括外在动力如奖金、升职等。其中，个体的内在动力起决定性作用。

心理学路线的激励理论主要包括内容型激励理论、过程型激励理论和行为修正激励理论。下面对这三种理论做简要介绍。

---

① 周雪光.组织社会学十讲［M］.北京：社会科学文献出版社，2003：188.

1. 内容型激励理论

（1）内容型激励理论的主要代表

内容型激励理论主要探究哪些因素能够调动人们工作的积极性，主要包括马斯洛的需要层次理论、阿德佛的生存—关系—成长理论、赫茨伯格的双因素理论以及麦克利兰的成就需要理论。

①马斯洛的需要层次理论。需要层次理论，是第一个系统剖析人类心理需要结构，强调通过满足人的需要来激发人的工作动机的激励理论。1943 年，美国著名心理学家亚伯拉罕·H. 马斯洛（Abraham H. Maslow）在其著作《人类激励理论》中提出了需要层次理论，将人的需要由低到高分为五个层次，分别为生理需要、安全需要、社交需要、尊重需要、自我实现需要。生理需要，即最基本的生存需要，包括人的吃、穿、住、用、行等方面。安全需要，是使自己免受生理和情绪等伤害的需要。社交需要，是归属与爱的需要。尊重需要分为内在和外在两个方面，内在尊重需要包括自尊、自信和成就感，外在尊重需要包括获得他人的尊重和认可以及地位和名誉。自我实现需要是指实现个人理想和抱负，通过工作实践最大程度地发挥自我潜能。

②阿德佛的生存—关系—成长理论。该理论也称为 ERG 理论。美国耶鲁大学心理学家 C. P. 阿德佛（C. P. Alderfer）认为，人有生存、相互关系与成长三种需要。[①]生存需要指衣、食、住、行等这些基本诉求，相互关系需要指与他人建立亲密关系的需要，成长需要指个人进步和发展的需要。

③赫茨伯格的双因素理论。双因素指激励因素和保健因素。美国心理学家弗雷德里克·赫茨伯格（Frederick Herzberg）认为，激励因素可调动人们的积极性，提高其工作效率；保健因素虽不能调动人们的积极性，却能够防止人们产生负面情绪。例如，一个人发烧了，可以通过吃退烧药防止病情继续恶化，帮助人们恢复正常状态。但是，如果这个人想要提高身体素质，靠吃药就不行了，而是应该通过锻炼身体的方法来提高健康水平。上面所说的"退烧药"便相当于"保健因素"，而"锻炼身体"则相当于"激励因素"。

④麦克利兰的成就需要理论。美国哈佛大学教授戴维·C. 麦克利兰（David C. McClelland）认为，人的基本需要有三种，包括成就需要、归属需要与权力需要。[②]其中，成就需要非常重要，能帮助国家和企业提高绩效，并且受环境、教育、实践和遗传等多种因素影响。

① 俞文钊，李成彦. 现代激励理论与应用［M］.3 版. 沈阳：东北财经大学出版社，2020：65-66.
② 陈俊燃. 随州市公立小学教师激励问题及对策研究［D］. 武汉：华中师范大学，2021：11.

（2）内容型激励理论间的关系

内容型激励理论主要研究给予人们怎样的刺激才能激发人们的动力。通过对上述理论进行梳理和分析，发现它们都涉及人们的关系、成长和生存等需要，具有极大的相关性。

2.过程型激励理论

（1）过程型激励理论的代表

过程型激励理论旨在研究激发人们动机的过程，主要包括佛隆的期望理论、德鲁克的目标管理理论、亚当斯的公平理论。

①期望理论。美国心理学家维克托·H.佛隆（Victor H. Vroom）认为，激励力量 = $\sum$ 效价 × 期望值，用公式表达则为 $M = \sum V \times E$ [①]。激励力量用英文"motivation"表示，意为激励力量或激励效果。效价用英文"valence"表示，指激励手段对于激励客体的价值，如对于非常渴却一点也不饿的人来说，一杯水比一个馒头的效价就高得多。期望值用英文"expectancy"表示，指激励客体认为自己能够实现目标的可能性：目标越可能实现，期望值就越接近于1；反之，则越接近于0。该理论认为，当激励手段的效价一定时，期望值越高，激励力量越强；当期望值一定时，激励手段的效价越高，激励力量越强。

②目标管理理论。美国现代管理学之父彼得·F.德鲁克（Peter F. Drucker）提出的目标管理理论，又称目标管理法。[②] 目标管理法指目标由上下级共同商议制定，并且在对个人和组织的工作进行监督、评价与修正时也会由上下级依据目标共同参与。该理论对目标应当具备的属性进行了深入研究，认为目标应由上下级共同参与制定；目标应具体、难度适当、可接受；应依据目标对过程进行反馈；为实现目标，员工间需要适当竞争。

③公平理论。公平理论由美国心理学家J. S.亚当斯（J. S. Adams）提出。他认为人们不仅会关注自身的付出与回报，还会与他人进行比较。当自身的付出回报比与他人的付出回报比相同时，就会感到公平。当两者之间的比值不相等时，商较小的那一方就会感到不公平，继而产生焦虑。个体如果想要消除这种焦虑，就可能会采取以下措施：从行动上，个体可能会通过减少投入、增加产出或调岗离职来恢复公平感。从心理上，个体有可能会通过改变参照物、对自己或他人的投入产出进行心理曲解来恢复公平感。

---

① 俞文钊，李成彦.现代激励理论与应用［M］.3版.沈阳：东北财经大学出版社，2020：114-115.
② 汪菲菲.S在线教育公司武汉分部销售人员激励机制优化研究［D］.武汉：华中师范大学，2021：13.

（2）过程型激励理论间的关系

过程型激励理论旨在研究变量如何影响人们行为动机的过程及其相互作用机制，其中具有一定的共通性。

3. 行为修正激励理论

行为修正激励理论，又称强化理论。该理论认为，当行为结果对个人有利时，行为会重复出现，从而达到强化和激励的作用；反之，行为就会逐渐减弱甚至消失。该理论主要涉及正强化、负强化、惩罚等概念。正强化指给予愉快刺激，使得激励对象的行为频率增加；负强化指撤销厌恶刺激，使得激励对象的行为频率增加；惩罚指施加厌恶刺激，使得激励对象的行为频率减少。

（1）强化理论的含义

强化理论源于对生物"趋利避害"本能的研究。在自然界中，当动物面临特定问题的行为结果对自身有利时，将重复该"正确"行为；反之，若某种行为结果对其有害时，这种"错误"行为将趋向减弱甚至消失。斯金纳的激励强化理论认为，通过奖惩方式让个体根据过去行为和结果的经验学习来影响未来行为，这一过程称为"强化"，也称为"强化理论"。又因为其产生的结果是对"错误"行为的修正，因此也称为"修正理论"。

和俄国生理学家伊凡·彼德诺维奇·巴甫洛夫（Ivan Petrovich Pavlov）的条件反射不同，强化是通过外界有意识地给予结果反馈来实现行为修正的过程，是外界基于某种特定目标而实施的自主训练而非机械的被动的条件反射。强化的最终目的是使与组织目标一致的"正确"行为能得到重复。这种重复行为是被强化后的个体根据经验有目的、有意识地主动完成的行为，而条件反射是个体被动的无意识的单次反应。此为两者的本质区别。

（2）强化物及其分类

强化理论的前提是认为人的行为是可以塑造的，可以通过一定的模式进行"修正"。强化物是强化过程中的重要载体，既可以是客观实物，也可以是某种非物质奖励，甚至某种行为或者其本身带来的结果若可以刺激该行为再次出现，也属于强化物的范畴。

强化物一般按照强化效果、强化作用大小来分类。

首先，根据强化效果，可以分为正强化、负强化和自然消退。正强化指的是某一强化物能够为行为者带来愉快和满足，提升行为者的积极性，或者能够减少和消除行为者的不快和厌恶，使管理者期望的行为发生概率得以提升。常见的正强化方式有物质激励和精神激励。强化理论认为减少处罚等行为也属于正强化的范畴。

负强化指的是撤销或减少厌恶刺激，从而减弱行为者的不良行为倾向，使管理者不期望的行为发生概率降低。例如，一个学生完成作业后，老师取消了额外的作业，这会提高学生完成作业的频率。

自然消退是正强化和负强化的重要补充，是强化理论作为激励的重要手段，是指管理者通过减少或者取消令行为者愉快的外界条件，给行为者带来逐步终止或者避免重复某种行为的影响。例如，逐步减少加班费用，引导被管理者提高工作时段的效率，减少加班时间，降低人力成本，提升组织效益。

其次，根据强化物作用的大小和重要程度，可以将强化物分为初级强化物和条件强化物。初级强化物也称为"一级强化物"，指的是和生命有机体的生理需求直接相关的刺激物，如"薪酬"。条件强化物也称为"二级强化物"，指的是原本不起强化作用的中性刺激物，在和某种初级强化物紧密联系后变成了具有强化因子的刺激物，如"绩效工资"。在强化理论中，一级强化物和二级强化物在特定条件下可以同时发挥作用，二级强化物往往能够发挥数倍的激励作用。强化理论注重一级强化物和二级强化物的有机结合。

（3）强化物和行为之间的相倚性

强化物能够对行为者产生效果的机理在于强化物和行为之间的相倚性。管理者根据被管理者的原始行为结果施以相应的刺激，这个刺激的过程也就是"修正"的过程，能够不断强化被管理者的行为，使之不断重复和修正，最终在强化物和行为之间建立起相倚关系。基于这种机制，管理者可以通过设计强化物的种类、强度和频率来调节某种行为，实现组织目标。

强化理论的相倚性可分为内部相倚性和外部相倚性。内部相倚性，是指个体行为自身的结果产生的强化，也就是行为本身的强化。例如，完成一项具备挑战性的任务后，行为者获得自身能力和经验提升的满足感，这个过程不需要外部的额外作用就能产生刺激效能。外部相倚性，指的是行为产生以后，来自外部环境的强化效应。例如，招生团队超额完成招生指标，获得额外的经济奖励和荣誉奖励，这是管理者有目标地予以行为结果外界刺激，逐步在"超额完成招生指标"和"额外奖励"之间建立相倚关系。无论是内部相倚性还是外部相倚性，都能促使行为者有意识地组织下一步行动，提高管理者期望的行为结果发生的概率。在管理实践中，内外相倚性都应该予以重视并加以利用。

（4）强化理论的应用原则

第一，因人而异强化原则。强化对象的年龄、性别、经历、身体素质等存在差异，不同强化对象的需求不同，使得强化物对强化对象的吸引力也存在差异。因此，选择强化物时需考虑群体的共同需求，在物质或精神层面做出最佳选择。

第二，目标分解原则。强化理论研究为了达成某一目的而采取的强化措施。对于新强化对象而言，短时间内达成最终目标是困难的，因此可以将最终目标按时间或效果分解为阶段性小目标，降低整体难度。这与矫正康复循序渐进的训练理念不谋而合，同时利用正强化对强化对象进行激励，以充分调动他们完成最终目标的积极性。

第三，及时强化原则。及时强化原则是在行为发生之后，及时将正向或者负向的反馈传递给强化对象，帮助其建立强化与行为之间的联系，形成意识，尽快调整行为状态。另外，要注意保持及时强化的原则，重复强化的次数越多，期望行为保持得越稳固。

第四，正负强化结合原则。根据斯金纳强化理论，奖励的效果要优于负面反馈。正向反馈能够激励强化对象提升期望行为发生的频率，但单纯的奖励难以使期望行为长久维持下去，还需负强化辅助，才能达到行为巩固的效果。

（5）强化理论的激励原理

美国心理学家伯勒斯·F. 斯金纳（Burrhus F. Skinner）认为，激励的本质就是在被管理者的行为和强化物之间建立合适的外部相倚性和内部相倚性。与以往传统的内容型激励理论相比，行为主义者注重"刺激（S）→反应（R）"模式。但单纯依赖这种模式，把刺激物和行为看成机械的因果关系的话，一旦减弱或失去刺激物，管理者期望的行为将无法重复；即使存在刺激物，管理者也无法制约和确保受激励后的个体行为能达到既定的目标。

斯金纳的强化理论扩展了激励理论扩展研究视野。除了"刺激（S）→反应（R）"模式，斯金纳还提出了"反应（R）→刺激（S）"模式。内容型激励理论关注引发行为的刺激物，而强化理论不仅关注行为前的刺激，还关注行为后的刺激，利用外力对强化对象的行为进行引导观察，通过调节强化物建立内外相倚性，对强化对象的行为强度、频度做有效的调控。对于契合管理者期望的行为施以正强化，提高其发生概率；对于违背管理者期望的行为施以负强化，降低其发生概率；对于利弊兼有的行为，施以自然消退，"柔性"地保留合理成分，修正剔除与管理者期望相违背的成分。

激励强化理论是联系"双师型"与非"双师型"教师的重要桥梁。管理高职院校教师时，管理人员不仅要从教学上，还要从人性化的角度（如教师的生活）进行管理。通过了解教师的生活情况，增强他们的归属感，提升他们的工作积极性和创造性。对教师的激励手段主要包括物质激励和精神激励。物质激励主要包括生活条件和工作条件的改善、奖金和津贴、医疗养老保险等，精神激励主要包括评定职称、出国深造等。在具体实施时，要具体情况具体分析，确定教师更需要物质的还是精神的激励。

第二节　学习型组织理论

一、学习型组织理论的概念

学习型组织是一种组织内部成员形成良好的学习氛围，极大地调动成员的积极性、创造性而建立起来的具有机动性、逻辑性和持续生长特点的扁平化、人性化的组织形式。这是知识组织的理想状态，也是知识组织的现实目标。这种组织具有持续学习的能力，并且在不断学习中建立共同目标，为实现共同目标不断创新、打破固有思维、超越自我。知识经济的迅速崛起对企业提出了严峻挑战，现代人的工作价值取向发生了变化，终身教育、战略学习型组织、可持续发展学习型组织等当代社会主流理念得到了积极渗透，融入了组织群体，为组织学习提供了理论支持。

麻省理工学院的杰伊·W.弗雷斯特（Jay W. Forrester）开创了系统动力学，将其作为研究人类动力学动态复杂性的方法。动态复杂性是指一切事物都被看作一个动态的、不断变化的过程。

弗雷斯特的研究对麻省理工学院斯隆管理学院的彼得·M.圣吉（Peter M. Senge）产生了重要影响。圣吉是学习型组织理论的创始人，他提出并构建了一套完整的实践体系。1970年，圣吉对系统动力学产生了浓厚的兴趣，并且一直致力于系统动力学的研究。1977年，他前往麻省理工学院斯隆管理学院攻读博士，在已有理论的基础上，他研究的系统动力学形成了具有组织学习性质的新型组织理念。他花了近十年的时间，研究和分析了上千家企业，并于1990年完成了他的代表作《第五项修炼——学习型组织的艺术与实务》，这也标志着学习型组织理论的正式诞生。

在实际应用中,学习型组织理论被引入企业管理当中,提出了学习者与学习组织的概念。企业借此得以更好地管理员工,培养出全新的具有前瞻性思维的人才。员工的个人思维方式得到了拓展,个人与企业得以共同进步。

二、学习型组织理论的特征

(一)强调"终身学习"

在学习型组织中,每一名成员都应养成终身学习的习惯。这种习惯源于成员对学习的重要性、迫切性和实用性的内心认同。终身学习理念的普及能够营造良好的学习气氛,进一步促进所有成员在工作中不断学习。

(二)强调"全员学习"

在学习型组织中,所有层级的成员,包括决策层、管理层、操作层、保障层,都应全身心投入学习,将学习作为提升自我素质、促进组织发展的重要途径和必要措施。不同层级的成员根据各自的身份与职责开展形式多样的学习,决策层和管理层需要通过学习推动组织的进步和强大。

(三)强调"全过程学习"

在学习型组织中,学习贯穿于组织系统的每个阶段,从酝酿、计划、实施到总结,每一步都包含学习。学习和工作不可分割,强调边学习边酝酿、边学习边计划、边学习边实施、边学习边总结,真正做到用学习推进工作,在工作中不断学习。

(四)强调"团队学习"

在学习型组织中,团队是最基本的学习单位,除了个人自觉学习,更重要的是成员间的合作学习和组织智力的开发。团队学习丰富了学习方式和方法,通过合作优化工作方式,比个人单打独斗更为有效。

另外,每个人的学习和工作都需要他人的配合,组织的目标和计划也需要通过整个团队的努力来实现。因此,团队学习是学习型组织存在的基础。

三、学习型组织理论的模型——以"五项修炼"模型为例

学习型组织理论问世以来,学术界提出了一些启发性的模型,如加拿大心理学家鲍尔·沃尔纳(Paul Woolner)的"五阶段"模型、美国学者约翰·瑞定(John Redding)的"持续准备—不断计划—即兴推行—行动学习"第四种模型、圣吉

的"五项修炼"模型等。下面重点阐释"五项修炼"模型。

圣吉是学习型组织理论的奠基人,其在《第五项修炼——学习型组织的艺术与实务》中提出,学习型组织理论可以归纳为"五项修炼":自我超越、改善心智模式、建立共同愿景、团队学习、系统思考。这"五项修炼"的最终目的是促使组织内的每个成员逐步培养、拥有和使用"激发欲望""进行反思性交流""理解复杂事物"这三种团队核心学习能力。

(一)自我超越

自我超越的来源是个人主动把精力和时间投入自己关心的事情,建立起个人与愿景之间的创造性活力。通过个人学习,组织得到发展。自我超越是个体的成长、学习和修养。具有自我超越意识的人可以不断地学习,从个体的不断学习开始,形成学习型的组织精神。自我超越的意义在于创造,突破自我障碍,保持创造性的视觉张力。学习型组织的核心领导策略是以身作则,鼓励他人追求自我超越,通过不断的学习和提升,真正认识个人的愿景,融合专业知识和环境条件,保持平和心态。这是一种对个人水平、境界、资源和能力的超越。

(二)改善心智模式

改善心智模式是指组织内每个成员在实现自我超越的过程中,从思想源头审视个人愿景中的狭隘认知和陈旧观念,逐步改变固有思维和内心深层想法,最终达到健全自我心智模式的良好状态。有缺陷的个人心智模式在一定程度上阻碍组织的向好发展和自我优化,健全每个成员的心智模式为建立学习型组织扫清了障碍。

(三)建立共同愿景

建立共同愿景是指组织内每个成员应与组织拥有相同的愿望和希冀。这种共同愿景不是简单的个人服从组织安排,而是每个成员的个人愿景与组织愿景高度一致,形成一种默契,使组织真正成为一个整体。建立共同愿景的关键在于鼓励个人愿景、推动用心聆听、营造和谐氛围、形成共同爱好,最终为组织学习提供强大的凝聚力和驱动力。

(四)团队学习

团队学习是组织行为意义上的学习,是学习型组织的一个重要特征。团队学习是"自我超越""改善心智模式""建立共同愿景"三个阶段后的更高层次,使学习超脱于个人的心智和行为。团队学习要求每个成员心智健全,拥有共同愿景,愿意持续沟通、分享和互相鼓励,最终实现团队内每个成员自发学习,推动团队整体学习,形成"你中有我,我中有你,共同学习"的理想状态。

(五)系统思考

系统思考是将组织看作一个具有整体性、动态性和时空连续性的系统进行综合思考。看待事物和思考事物时不仅关注个体,还要看整体;不仅关注当前,还要看过去和未来;不仅关注眼前利益,还要看组织的长远发展。系统思考是学习型组织的核心修炼,能够将前四项修炼串联,并最终呈现最大价值,为每个成员成长、组织发展和持续进步提供源源不断的动力。

"五项修炼"中的各项之间是相辅相成的:自我超越和改善心智模式是建立学习型组织的基础;共同愿景连接个人目标和组织目标;团队学习推动整体发展;系统思考统领全局,实现五项修炼的整体融合。

高职院校"双师型"教师培养应运用学习型组织理论。学校的发展基于"双师型"教师的成长,而"双师型"教师的成长又依托于学校的共同愿景,因此,学校应把重心放在如何激发教师的学习能力上,既实现学校的长远目标,又注重教师个体的成长,从而促进学校与教师的共同发展。

第三节　利益相关者理论

一、利益相关者理论的起源

利益相关者理论起源于 20 世纪 60 年代,是斯坦福大学研究所最先提出并给出明确定义的。当时斯坦福大学的研究者通过对组织生存的研究发现了利益相关者团体的存在,并且找到了这些利益相关者团体为组织生存和发展提供影响的依据,从而提出了这一关键理论。

瑞典利益相关者理论研究者埃里克·瑞安曼(Eric Rhenman)在前者的基础上给出了更为现代社会所接受的全面定义。他认为利益相关者和企业两者之间存在相互依存的关系,双方各取自身利益所需,一方面利益相关者通过借助企业提供的平台和便利实现其目标,另一方面企业通过获得利益相关者的支持而持续生存。

美国学者爱德华·弗里曼（Edward Freeman）在管理学研究过程中发现了利益相关者和组织之间互相影响的过程，两者之间的影响不是单向的，而是相互的。因此，他在《战略管理——利益相关者方法》这本著作中提出利益相关者是既对组织实现目标产生影响，又在组织实现利益的过程中受到组织影响的个体或群体。

美国学者肯尼斯·W. 克拉克森（Kenneth W. Clarkson）第一次在投资中引入利益相关者理论。他更加明确了利益相关者和组织之间的交互关系，利益相关者将实物、人力、资金等投入组织，帮助组织实现目标，在获利的同时也承担投入带来的各类风险。

国内对利益相关者理论的研究比国外学者晚了近30年，中国经济学家杨瑞龙从企业理论模型入手，将治理的概念引入利益相关者与企业之间，认为利益相关者与企业的互动行为属于治理，并且针对这样的治理行为进行了单边和多边的两种划分；学者李维安侧重于从公司治理机制角度来研究利益相关者，提出了利益相关者参与公司治理的外部治理机制。

二、利益相关者理论的分类

管理学家查克汉姆（Charkham）通过研究企业的交易合同来对定义的利益相关者进行分类，提出契约型和公众型两种类别，建立了自己的理论分类模型。契约型是指利益相关者与企业定下明确契约合同，而公众型是指两者之间达成战略一致、互惠互益却又没有合同约束。

克拉克森的理论把利益相关者定为主要和次要两种，根据利益相关者与企业联系的紧密度与互相影响的强度来界定：主要利益相关者占据更核心的位置，且互相之间的影响更深；而次要利益相关者则较为边缘，互相影响略轻。

层次论代表人物 J. B. 卡洛尔（J. B. Carroll）针对利益相关者理论提出了不同的分类方式，一种取决于利益相关者与公司的关系，另一种还包含了两者所处的环境。

最为大众所认可并且在多处运用的是美国经济学家韦斯利·克莱尔·米切尔（Wesley Clair Mitchell）提出的米切尔评分法，其是在动态发展的条件下提出的分类方法，将二十七个具有明显区别性和代表性的利益相关者类目从三个维度进行分类，这三个维度包括影响力、合法性以及紧迫性。

三、利益相关者理论的内容

利益相关者理论的出现是基于众多学者认为公司并非持有本公司普通股的个人和机构所拥有的。与传统的股东至上主义相比较，该理论倾向于所有公司的生存和发展只依靠股东的投入是很难持续经营下去的，并认为不能缺少各利益相关者不同程度对企业的投入或参与，企业追求的经营目标应该是利益相关者的整体利益，而不是只满足个别主体的利益。

另外，该理论认为各个利益相关者为企业投入了有价值的资源或为企业的经营发展付出了代价，有的需要承担一定的经营风险，有的则对企业实现了监督和制约的职能，所以企业在经营管理中或进行决策时，绝对不能忽视这些利益相关者的利益，而且应该接受他们对企业经营管理的约束。该理论说明了企业在实现价值最大化目标的基础上，还要协调和均衡各个利益相关者的需求，共同创造和实现企业价值。

对于高职院校"双师型"教师培养而言，教师作为高职院校的核心利益者，为高职院校的发展提供了特殊资源——智力支持，高职院校必须保证教师接受继续教育的权利，为教师提供五险一金等社会保障，同时还要保证"双师型"教师享有较高的薪酬待遇等。教师权利以及权益的实现有助于提升高职院校教师的专业化发展水平，保证"双师型"教师建设的质量；有助于提升高职院校的办学质量与办学水平；有助于高职教育相关政策的执行，在全社会范围内提升高职教育整体办学质量，满足公众接受高等教育的需求。

第四节　人的全面发展理论

一、人的全面发展理论的相关概念

（一）"人"的含义

对于"人"的含义的理解，可以从两个角度出发，一个是"个体"角度，另一个是"类"角度。"个体"是单个人的概念，从这个角度出发的人的全面发展指的是每个人的全面发展，是个体在整体中所表现出的全面发展的特征。它往往不具有典型的代表性，因为每个人的个性特点、天赋等都有所不同，所表现出的发展状态也有所不同，主要表现在个人的思维、态度、精神面貌等方面。"类"

是一个整体的概念,一种属性、群体的状态。它所代表的则是所有具有相似属性的群体的集合,涉及的范围非常广。从这个角度出发的人的全面发展指的是所有人的全面发展,所表现出的是一种整体的发展状态,主要表现在社会经济、政治、科技等方面。"类"由"个体"组成,没有"个体"的存在,"类"就难以形成,政治、经济、科技等就难以发展。脱离了"类"的个体难以在社会中立足,最终会因为势单力薄而被淘汰。"个体"和"类"是互相制约、相辅相成的,二者相互作用,最终构成了人类社会的主体。把握好主体的特征能够更好地促进对人的全面发展的理解。

人有着三种不同的属性,即自然属性、社会属性和精神属性。每当我们谈及"人",便会自发性地联想到人与自然的关系,自然属性是人的最基本的属性。在原始社会中,人们从自然界中寻找能够维持自身生存的物质资料,这些都是自然界本身所具有的。随着人类在自然界中活动的不断拓展,人们学会了利用自然界的规律,通过自己的劳动来保障生存资源的供给,人们所学习的生存技能都是基于自然存在的,在任何劳动技能中都能看见自然界的影子。人的社会属性是另一种重要的属性,人不仅存在于自然界之中,还在社会中创造自己的生活,社会性从根本上来看是人的本质特征。社会属性是人的自然属性发展到一定阶段的产物,人并不是从出生开始就具有社会属性,人们的自然属性在长期的发展过程中已经得到了积淀,在自然属性成熟时人们学会了劳动、学习等生存所需的技能,这就为社会关系的形成创造了可能性。长此以往,人在社会上的交流越发密切,人的社会属性也就越来越明显。人的内心世界的发展也是非常重要的一部分,我们称之为精神属性。人除了生活在自然和社会中,还拥有着自身的精神世界。人与其他动物相区别的主要特征之一是人是有意识的,人能有意识地进行各种活动。人的精神属性帮助人们更好地进行实践活动,通过自身的意识来进行创造性的改变,改进实践方法和工具,提高生产效率,促进社会的发展。人的思维依赖于人的精神属性,精神属性的发展给人的思维提供了无限延伸的空间。若是没有精神属性,那么人的发展就会停滞不前。人的全面发展是自然属性、社会属性、精神属性相互作用的综合体现,显示出人作为一个有机整体的本质。

(二)"全面"的含义

"全面"是人的全面发展理论的最重要的特征,主要包含六个方面:能力、素质、需要、个性、人格和关系。

人的能力是影响人的全面发展的核心因素。人的能力是指人们在谋求生存、生产劳动、实践探索、社会交往等方面所表现出来的能够面对并处理问题和状况的能力，包括生存能力、实践能力、劳动能力和社交能力等。人的能力按不同的条件和范围来划分又能分为许多种，如合作能力、创新能力等。正是因为能力是人的全面发展的核心因素，所以缺乏能力会阻碍人的全面发展。

人的素质是指人本身具有的和后天形成的在性格、品质等方面所表现出来的特点。人的身体上表现出的是人的生理素质，心理上表现出的是心理素质。人在社会活动中表现出的和政治、经济、文化等相关的则是政治素质、经济素质和文化素质。人的素质水平受到先天条件和环境等因素的影响。马克思在人的全面发展理论中强调了对素质的重视和培养。

在社会发展的过程中，人们为了满足自身生存和发展的需要，通过实践和劳动等方式来获取所需要的物质生活资料，在这个过程中又会产生新的需要。这种反复过程推动了人的全面发展和社会的进步。

有学者认为，个性最能直接体现人的全面发展的状况。个性主要在人的思想、行为、心理特征等方面表现出来。个性能够反映个体最真实的状态，个性的发展就是人最直接的发展。

人格是一个人品质的体现，对个人发展方向有很强的指导意义。在当今社会，物质条件变得极为丰富，一些人在物质和金钱上迷失了自我，逐渐忽略了自身的全面发展，因此人格的发展在这种情况下就显得尤为重要。

人从出生就形成与自然、社会和他人的关系。人生存和发展的过程就是不断和外界建立关系的过程，离开这些关系，人也很难得到发展。

（三）"发展"的含义

在马克思主义哲学中，发展是由于事物的相互作用而形成的，简言之，发展是指事物上升的运动。发展的实质是新事物的产生和旧事物的灭亡，是事物由简单到复杂、由低级到高级的变化过程。发展的方向是前进和上升的。人的发展与之贴近，即人提升自我、升华自身的过程，是一个充满积极性的运动过程。在马克思的全面发展理论中，人的发展不单单指身体机能和表象的发展，更是把人置于自然和社会中，从人与自然、人与社会的关系中找出人进步和提升的因素，以保障人的全面发展。马克思认为，处于共产主义社会背景下，人的发展才是全面的发展。在这样的社会之中，自然对人的影响减弱，社会对人的影响增强。人们通过各种方式增强自身与社会之间的联系，如通过劳动来提高自身的劳动素质，通过实践来增强自己的动手能力等，从而完善自己的社会属性。除了社会关系的发展，人在素质、性格、能力等方面也会进一步发展，这样的发展才能真正保证人的全面发展。如果人的发展不能够从多方面考虑，那么人就会在发展的过程中脱节。发展的过程是漫长而艰辛的，不是一蹴而就的，人的发展是永无止境的。随着时代的变化，每个时期人发展的侧重点会有所改变。如果不能灵活转变，就会脱离历史的轨道。在发展中寻找新的发展机遇，不断更新和突破，这才是马克思主义所强调的真正的人的全面发展。

二、人的全面发展理论的形成过程

（一）人的全面发展理论的萌芽

从《青年在选择职业时的考虑》到《1844年经济学哲学手稿》，这一时期马克思的著作反映了他对人的全面发展理论的研究处于萌芽状态。对青年黑格尔哲学进行批判促使马克思的全面发展理论逐渐发展。在《博士论文》和《〈黑格尔法哲学批判〉导言》中，马克思论述了人是具有主观能动性的，发挥人的主体性至关重要，但这些论述主要集中在理论层面和思想层面，尚未在社会实践中考察人的发展问题。

在《青年在选择职业时的考虑》中，马克思指出青年在选择职业时应考虑的是关于生活和工作的目标，单纯以自身利益和利己主义来对待生活和工作，无法获得真正的幸福。青年如果选择了为社会大部分人谋求幸福，不仅能收获个人的快乐，还能为广大民众带来快乐。

在《博士论文》中，马克思以原子倾斜运动为例，阐述了人在绝对精神交往中的能动性，希望通过人的能动性这一解说引导人们相信科学的力量。他从社会关系的角度出发，指出人与人之间的关系是在社会交往中产生并不断发展的，这是关于人的全面发展理论的初期思考，但就其本质来说仍属于唯心主义。

在《〈黑格尔法哲学批判〉导言》中，马克思提出了"现实的人"这一概念，将对宗教问题的批判转变为对人现实苦难生活的批判，指出人是处于社会中的整体存在，并非抽象单独的存在。

在《1844年经济学哲学手稿》中，马克思指出，人类区分于其他物种的独特性在于人的活动是自由的、有意识的。但在生产力迅猛发展的当下，一些人却朝着"异化"的方向发展，摧残着劳动民众的身心健康。因此，马克思强调，人类要实现充分的发展，就要消除生产过程与劳动者自身的异化，以人的主体性劳动代替人本身的异化。

（二）人的全面发展理论的发展

在《关于费尔巴哈的提纲》与《德意志意识形态》中，马克思和恩格斯对历史唯物主义的基本问题进行了阐述，探讨了人的本质及社会生活。在《关于费尔巴哈的提纲》中，马克思运用辩证唯物主义的实践观与唯心主义划清了界线，指出全部社会生活在本质上都是以实践为基础的，理论的产生与实践是割舍不开的，任何理论的有效性都必须通过实践来检验。马克思对人的本质问题做了系统深入的思考，指出在其现实性上，人的本质是一切社会关系的总和。这突出了人的本质是处在一定的社会关系中，并呈现出具体性和历史性。

从《德意志意识形态》到《共产党宣言》，人的全面发展理论得到进一步发展。在《德意志意识形态》中，马克思和恩格斯在批判唯心史观的基础上阐述了唯物史观的内容，提出有生命的个体存在于这一世界所进行的一切活动中，而后构成人类历史。他们赋予了人在社会生产与变革中的重大意义，强调生产劳动和社会活动所产生的人际关系是促进人的全面发展的有效途径。

在《共产党宣言》中，马克思和恩格斯详细阐述了社会历史发展的各个阶段，深刻指出人类社会的发展是在阶级斗争中实现的，只有在共产主义社会才有可能消灭阶级对立，实现人人平等、共同发展。只有每个人实现充分且自由的发展，整个社会中的每一个成员才能实现自由发展。在这里，每个人的自由发展是个体自由和尊严的体现，也是共产主义社会的美好愿景。

（三）人的全面发展理论的成熟

马克思的《1857—1858 年经济学手稿》（简称《手稿》）和《资本论》是人的全面发展理论走向成熟的标志。在《手稿》中，马克思阐述了经济发展与人的内在联系，具体来说即市民经济中的人应以何种姿态来实现自我价值，并以社会发展的三种形态来判断经济社会发展状况。在前资本主义社会、资本主义社会和共产主义社会这三种社会发展形态中，人的依赖关系经历了"对人的依赖关系"到"对物的依赖关系"的转变，并在共产主义社会中实现了"自由"关系。马克思认为，在前两种社会形态中，从"对人的依赖关系"到"对物的依赖关系"是人走向"异化"的标志之一，使人的发展更加被动，朝着工具化与单一化方向发展。而在共产主义社会，人们从物欲化的统治中真正解放出来，能够根据自身兴趣发展自身才能，主动自觉地丰富社会关系，创造丰硕的社会物质财富与精神财富。

在《资本论》中,马克思对人的全面发展理论的认识更加深化。他在此阶段以剖析资本主义社会种种社会现实状况为着力点。在《资本论》中,马克思对资本主义的产生直至走向灭亡都做了深刻剖析。马克思指出,资本主义的生产关系和社会关系会阻碍人的全面发展,这也是资本主义最终难逃灭亡的原因之一。他进一步揭露了资本主义从产生、成熟到灭亡的必然性。

三、人的全面发展理论的实现条件

人类为实现人的全面发展而进行自主创造活动的过程,实际上也是人类本质的复归之旅。在创造基本实现条件的过程中,人的积极性和创造性得到发挥,主观能动性极大增强,为人的全面发展提供了高度发达的生产力,消灭了私有制和旧式分工,创造了充足的自由时间。

(一)高度发达的生产力是实现人的全面发展的物质基础

高度发达的生产力能够改善人类的生活质量,确保人类走向解放,实现全面发展。马克思曾在《手稿》和《资本论》中指出,要实现人的全面发展,就要有充足生产力作为物质支撑。这表明,人类所需的各种物质生产生活资料需要社会生产力来创造。社会生产力越发达,社会能够满足人类发展所需的物质财富就越充足,才有可能在此基础上创造使人们幸福感大幅度提升的精神财富。物质资料的丰富是满足人类发展的最基本前提。作为自然界的一员,人类必须立足于社会生产力发展的现实,只有能够维持生命并获得生存空间,才能提出更高层次的需求,进而寻求自身更高程度的全面发展。

生产力的发展与人的全面发展是相互促进的。作为生产力的构成要素之一的劳动者,是社会构成的基本有机体和社会关系的总和。在互相交往及参加社会劳动的过程中,劳动者的体力与智力、物质力量和精神力量的综合发展必定会对社会生产力的发展起推动作用。反之,社会生产力的发展进步也必然会拓展劳动者的眼界,激发引导人类不同种类、不同层次的需求,提高劳动者全面发展的程度。

在马克思划分的人类未来所要经历的两大阶段中,社会主义阶段中人的全面发展的程度还不够充分,社会生产力相对落后,虽然已经消灭了私有制,但由于社会历史条件的限制,劳动仍是人们谋生的一种手段,部分片面、畸形的发展依旧存在。但在第二阶段共产主义社会,社会生产力高度发达,物质财富极为丰富,精神财富相当充裕。在这种理想社会中,劳动已成为人们的基本需求。因此,人们能够最大限度地实现全面发展。

（二）消灭私有制和旧式分工体系是实现人的全面发展的社会条件

私有制主要表现为生产资料归私人占有。在私有制占主导地位的社会里，社会财富集中在少数人手中，多数人丧失了实现全面发展的可能。生产力的推动以牺牲和支配多数人的生存发展权利为代价。社会上多数人为了维持基本的生存，不得不服从少数生产资料占有者的分工安排。因此，私有制严重阻碍了大多数人的全面发展。马克思剖析了资本主义社会中导致人畸形片面不自由发展的本质因素，认为私有制是阻碍人全面发展的根源。因此，马克思认为，要实现社会与个人发展的统一，就必须通过社会革命消灭私有制，建立能够实现人的全面发展的社会主义社会，让生产资料被全体人员所拥有，进而推动生产力高速发展、社会财富快速增长和空闲时间增加，这是实现人的全面发展的先决条件。

旧式分工体系主要表现为劳动者被固定在某种劳动形式之中，片面机械地重复某一单一劳动。在旧式分工体系下，人的整体发展处于不平等状态。一些人掌握发展的垄断权，占据了大部分发展所需的时间和空间，而另一部分人则丧失了成为一个全面发展的人的可能性。马克思认为，由于社会化大生产的需要，无产阶级被严格划分并固定在特定的工作领域从事生产活动。人们为了生存，日复一日地从事重复、单一、片面的工作，所得经验只在特定领域有效，对其他领域一无所知，无法掌握整个社会化大生产的技术，严重阻碍了人的全面发展。

社会分工本身是人类社会发展的自然现象，在所有社会形态里都存在，共产主义社会也不例外。要实现人的全面发展，需要形成合理的分工，合理的分工可以充分挖掘个人潜力，为实现人的全面发展提供更大的可能性。简言之，在社会生产力的推动下，消灭私有制和旧式分工体系，代之以社会主义公有制和合理的分工体系，是实现人的全面发展的必然选择，也是营造平等和谐的社会关系的必要条件。

（三）充裕的自由时间是实现人的全面发展的根本保障

劳动者拥有充裕的自由时间，才能够按照自己的想法支配时间，做自己想做的事，积极主动地在有限的时间里将自身的价值最大化。马克思在深入社会生产生活进行研究之后发现，从保障人类生存和发展的角度来看，人们的时间分为工作时间和自由时间，工作时间用来生产以满足谋生需求，自由时间则用来满足自身发展需求。只有自由时间充裕了，才能根据社会发展的需要和个人的兴趣爱好等来发展人本身。

生产力的发展是形成自由时间必不可少的因素。在理想状态下，只有单位时间内的效率得到提高，工作时间才有可能缩短，那么人们可以支配的自由时间也相应增多。随着社会生产力的提高，社会物质财富极大丰富，能够降低劳动者从事生产活动所必需的劳动时间，获得更多自己能够支配的时间。人们能够充分挖掘自己的兴趣与爱好，从而根据自己的意愿与社会的需要来实现自身的全面发展。

不可忽视的是，想要完全获得自身全面发展所需的充裕的自由时间，需要相当长的一段时间。但是，在当今时代，科学技术运用深度和广度的加强加速了实现人的全面发展的进程。社会生产力高度发达，必要劳动时间最小化，劳动强度大大降低，社会物质财富极其丰富，劳动不再是谋生的被动活动，而是人们自觉性的创造和享乐活动，人们得以平衡自己的工作时间和自由时间，向实现人的全面发展逐渐靠近。

四、人的全面发展理论的基本内容

人的全面发展理论是不断发展的理论，人的全面发展理论的内容极其重要，不同的学者在研究有关人的问题的时候都将"人的全面发展"这一思想贯穿在自己的研究中。

（一）人的需要的全面发展

马克思指出，人的发展的最理想状态是一个人的全面发展，他在《1844年经济学哲学手稿》中指出，人以一种全面的方式，也就是说，作为一个完整的人，占有自己的全面的本质。据此可以看出，人的全面发展涉及的内容十分丰富，并不是说人在某一方面的发展程度很高，那么他的全部方面的发展程度都很高。

一个人参与社会活动的原因在于他存在着某种需要。也就是说，人为了满足自己的需要会参与到社会实践活动中。

马克思、恩格斯在《德意志意识形态》中提到，人们为了生活，首先就需要有衣、食、住以及其他东西。因此，第一个社会历史活动就是生产满足这些需要的资料，即生产物质生活本身。事物的发展是由低级到高级的过程，人的需要的发展也是由低级到高级、由简单到复杂的过程，是不断全面发展的过程。

马克思、恩格斯在《德意志意识形态》中提到，人们的需要即人们的本性。在社会上生活的每一个人最先需要满足的就是生存需求，之后才是其他方面的需求。衣、食、住、行就是我们的生存需求。

通过以上论述能够看出，人的需要的发展是人的全面发展的内在动力和重要组成部分。

（二）人的能力的全面发展

马克思在《资本论》中提到，人的能力的发挥和发展是自由王国的目的本身。人的能力是一个人向前发展的重要力量，只有将人的能力尽力地发挥好，不断地充实好，人才能永远处于进步之中。

在《1844年经济学哲学手稿》中，马克思将人的本质看成"自由自觉的活动"，他认为，我们把劳动力或者劳动能力理解为人的身体即活的人体中存在的，每当人生产某种使用价值时就会运用的体力和智力的总和。马克思还指出，任何人的职责、使命、任务就是全面发展自己的一切能力。人的能力的全面发展可以是人们按照自己的爱好与兴趣灵活地转换职业，满足社会中不同的劳动需要。可见，劳动是人必备的技能，通过劳动才能获得想要的进步，而且能力的进步也是需要劳动的，劳动具有无可比拟的重要性。通过以上分析可以看出，人的能力的全面发展是人的本质力量的体现，人的能力包括就业能力、潜在能力、体力和智力等。另外，人要提升自己的主体地位，也依赖于能力的发展，包括审美能力、道德修养能力等。

（三）人的个性的全面发展

在人的全面发展过程中，人的个性的自由发展是客观条件，也是人的最终理想，是每个人都希望达到的人生境界。人的个性的自由发展是在发挥个人才能的基础上实现的。人的个性是每个人相对于其他个体而言独一无二的特质，表现在人在社会实践中的行为、心理、性格和情感的差异性上。在社会生产活动中，由于存在个体差异性，人们在社会实践中的行为与情感表现出很大的差别。正是由于存在这些差异性，才构成了人类社会中丰富多彩的社会实践活动和社会关系。每个人的自由发展是一切人的自由发展的条件。在共产主义社会中，生产力高度发达并不断向前发展，打破了旧式分工体系，劳动分工不再受限于脑力和体力，个体有充分展示自我个性与才能的机会，个体差异使个人充分实现了自由与全面发展。共产主义社会是我们的最终追求，只有在共产主义社会，个人自由发展的全部才能才得以实现。

（四）人的社会关系的全面发展

人的全面发展离不开人与人之间的社会交流。人的本质不是单个人所固有的抽象物，在其现实性上，它是一切社会关系的总和。这表明，一个人若自我封闭，不与外界进行沟通与交流，便会成为一个"一意孤行"的单个人，难以获得进步。因为单个人的力量有限，无法兼顾所有事物。另外，物质世界分为自然界和人类社会，社会属性是人的本质属性，人的全面发展体现在其具有的社会关系中。马克思指出，个人的全面性不是想象的或设想的全面性，而是他的现实联系和观念联系的全面性。一个人只有丰富自己的社会关系，才能在更多的圈层中获取资源，交流信息，并有效地参与文化活动或者经济事务。

人的社会关系随着时间与地点的变化而变化，我们应当注重这些变化，并在相应的社会角色里承担相应的社会责任。

（五）人的素质的全面发展

人的素质的全面发展包括思想道德素质、科学文化素质和身体素质的发展。只有素质得到提升，个人、社会、国家才能进步，全社会才能形成共同的良好意识。在新时代背景下，每个人都应注重素质的全面提升，如在看待不同的就业岗位时，一个人的素质决定了他对于就业岗位的评价。我们不应对平凡的岗位存有偏见，每一个岗位都有其自身的价值与意义。

经济的发展和科技的进步，经济结构、就业市场出现的新变化和新趋势，对高职教育提出了多方面的挑战。我国对高技能型人才的需求日益增加，技工人才较为短缺，高级技工更是难得，这对高职教育提出了更新更高的要求。时代的需求与社会的发展要求我们培养技能型、应用型的社会主义现代化建设人才，要求我们在马克思的全面发展理论指导下，针对高职教育在人才培养模式上的某些缺陷，提出更全面的人才素质要求。在当代高职人才的培养中，应始终贯穿全面发展的思想和理念，促进高职人才的全面发展。高职院校要认真贯彻马克思的全面发展理论，把"学会认知、学会做事、学会共处、学会生存"作为教育的四个基本素质目标和评价教育质量的标准，培养全面发展的劳动者和接班人。要想培养和造就"手脑并用，全面发展"的现代化建设人才，不断推进人的全面发展，必须大力发展高职教育，实现教育事业全面协调可持续发展。而大力发展高职教育，重中之重是建立一支具备"双师"素质的教师队伍。这也是推进我国走新型工业化道路、全面提高国民素质、满足人民终身学习需要、提升我国综合国力、建设社会主义现代化强国的重要途径。这对高职院校"双师型"教师队伍建设提出了新的要求，教师既要有丰富的理论知识，又要有动手操作和科技推广能力，还要有经营能力和市场意识。只有这样，才能适应实践性教学和培养技能型人才的需要。教师队伍建设是保证教学质量、培养应用型人才的核心，建设一支高水平、高素质的"双师型"教师队伍，是我国高职教育事业发展的客观要求，也是教师自身业务能力提高的需要。

第五节 教师专业化发展理论

一、教师专业化发展理论的目的

教师专业化发展理论旨在帮助教师在支持、积极的氛围中促进个人专业成长，可以说这本身就是一种目的。教师专业化发展是一种成人教育，目的是增进教师对工作和生活的理解。它关注教师对理论和实践的持续探究，关注教学工作在社会发展和个人生活中的意义。教师专业化发展这一概念将教学工作视为一种专门的职业，把教师视为履行教育教学工作义务的专业人员。因此，从广义上讲，教师专业化发展的目的就是在学校教育过程中使教师和学生都获得成功，即通过提高教师的专业水平达到教学质量提高和学生健康成长的目的。当前，促进教师专业化发展的目的主要有五种：第一种是更新教师的学科知识；第二种是根据新的教学技术、教学目标、课程和教育研究成果更新教师的技能、态度和方法，使教师能吸收教学实践方面的主导性革新理论；第三种是使学校开发和运用课程和教学实践方面的新策略；第四种是促进教师之间以及教师与学术机构等之间的信息和专业知识交流；第五种是帮助教学能力弱的教师提高教学效率。

二、教师专业化发展理论的内容

专业化发展的内容是根据专业化发展的目的而确定的，一直以来，世界各国在教师专业化发展内容的选择上存在两种倾向。一种倾向是强调教师的知识更新。知识的快速发展使知识更新变得更为重要，尤其是教育科学和教育技术学科的教师要定期进行知识更新。例如，日本的教师在从业五年、十年、二十年时都要参加一次课程研讨。德国巴伐利亚州有集中的教师在职培训学习活动，政府每六个月给学校提供一次课程表，教师自己决定学习哪些课程。另一种倾向是要求教师学习新的技能与技术。终身学习要求学生不仅要获得知识，而且要学会如何获得知识。因此，教授学生终身学习的技能比传授学科知识更为重要，这对教师学习新的技能与技术提出了要求，这一要求也在教师专业化发展活动中逐步体现。教师的专业化发展不仅要帮助教师更深刻、灵活地理解学科知识，还要帮助他们理解学生的言行、掌握关于教学的知识、了解可用的课程资源和最新技术，还要培养教师对实践进行分析和反思的能力。

在当代，根据社会和科技进步的要求，教师在职教育和培训的内容更加广泛，既包括专业学科和教育学科知识的更新、深化，教育技术的掌握，一般文化素质的提高，又包括对学校、家庭和社会所面临的最紧迫问题的研究与探讨。培训内容的结构、体系更加合理，使教师能系统地进行系列课程进修。

三、教师专业化发展的影响因素

一般来讲，教师专业化发展的影响因素可以分为内在因素与外在因素。内在因素主要包括强烈的自主发展愿望、把学生教好的职业信念、工作中持续不断进行的反思。外因主要包括新老教师"一对一"教学、学生家长施加的压力、学校领导的重视程度、岗位的历练、专家的引导与教诲、家人的理解与支持。一些学者从教师工作的内外部环境的角度进行探讨，把制约教师专业化发展的因素分为校内因素和校外因素两大类。校内因素指与教师教学及自身成长相关的因素，如学校领导、学校制度、学校管理、学生、其他教师、教学资源和条件，以及与教师专业化发展相关的培训、培养活动等。校外因素是指与教师发展相关的社会、政府等的政策和信息，如社会对教师的认可、国家给教师的待遇等。还有一部分学者认为教师专业化发展主要受自身发展、学校、社会、教育部门等综合因素的影响，但同时也认为外界环境是其发展的主要影响因素，如教育部门的政策支持和导向，学校领导的重视，尤其是收入、晋升等政策的平衡。

从目前高职院校的发展情况来看，有一部分高职院校存在重理论、轻实践的现象，导致在教学中出现了教学实践与职业实践的脱节。这种脱节正日渐成为妨碍高职院校教师专业化发展的瓶颈问题。要解决这个问题，需要从"双师型"师资队伍建设方面入手。提高"双师型"教师的素质能够更好地推进教师专业化发展的进程，使教师各方面的能力得到较好的发展。

第六节 教育内外部关系规律理论

一、教育内外部关系规律理论的提出

1980年，厦门大学教授潘懋元先生应第一机械工业部教育局之邀请，到湖南大学为当时该部直属高等院校领导干部教育科学研究班讲课，并首次正式提出教育的两条基本规律。一条是教育外部关系基本规律，指的是教育作为社会的一个子系统与整个社会系统及其他子系统——主要是经济、政治、文化系统之间的相互关系的规律；另一条是教育内部关系基本规律，指的是教育作为一个系统，其内部各因素和子系统之间的相互关系规律。

1983 年，在《高等教育学讲座》中，潘懋元先生对教育内外部关系规律又做出了进一步的阐释，对教育外部关系规律的表述做了一定的修正：教育的外部关系规律是指教育与政治、经济、文化的关系。这条规律还可以表述为：教育必须与社会发展相适应，社会主义教育必须与社会主义发展相适应。在"教育必须与社会发展相适应"的问题上，潘懋元先生进一步提出了"全面适应"和"主动适应"的思想。

1997 年，潘懋元先生在华东师范大学高等教育理论研讨班上的报告中进一步阐述了高等教育内外部关系规律的主要内容，并认为这次报告的内容"认识有所加深，体会有所不同，内容比较丰满"。

二、教育内外部关系规律理论的阐释

所谓教育外部关系规律是指教育必须受一定社会的经济、政治、文化等的制约，并对这些方面的发展起作用，从而促进社会的进步。在此对高等教育外部关系规律的研究范畴界定在"受制约"与"为之服务"两个方面。从"教育是培养人的社会活动"这个教育的基本定义出发，人是教育的对象，教育的直接功能是促进人的发展，即促进人的整体素质的发展。

教育外部关系规律揭示的是教育的社会属性，教育的内部关系规律揭示的是教育之所以是教育的本质属性。教育的内外部关系规律的关系可以概括阐释如下：教育的内部关系规律受到外部关系规律的制约，教育的外部关系规律通过内部关系规律起作用，它们是相互联系、相互促进的整体。

目前，要想实现高职院校的发展，"双师型"教师队伍需要协调好教育的内外部关系规律，既要适应社会主义政治、经济、文化需求，又要遵循内部关系规律，关心学生的终身发展。只有做到内外结合、相存相依，才能打破传统的单维度研究教育规律范式。从多维度研究教育规律，才能从深层次解决高职院校"双师型"教师队伍建设中存在的问题。教育内外部关系规律理论启示我们，教育规律的研究始终在艰难中行进，该理论本身也需要不断丰富和完善，对高职院校"双师型"教师队伍建设的实践研究无疑将会进一步深化该理论。

第三章 高职院校"双师型"教师队伍建设历史、现状及影响因素

高职院校"双师型"教师队伍建设对于高等职业教育的发展起着领航作用，在校企合作广泛开展、逐渐深入的大背景下，高职院校必须顺势而为，既重知识，又重能力，将理论教学和实践教学有机结合，打造一支可靠的"双师型"教师队伍。本章分为高职院校"双师型"教师队伍建设的历史、高职院校"双师型"教师队伍建设的现状及影响因素两部分。

第一节 高职院校"双师型"教师队伍建设的历史

职业教育是指为满足不同需求的学习者在某个特定行业或领域从事某项工作所需的知识和技能而开展的不同形式及层次的教育和培训。从广义上来讲，职业教育包括一切满足职业要求的技术技能培训，如岗前培训、在岗培训、换岗培训等，一般由专门的机构组织学习和培训，有需求的团体或个人都可参加，培训合格后具备相应的职业技能并可以从事与之相对应的工作。从狭义上来讲，职业教育是指以职业院校为主体的教育形式，是学校教育必不可少的组成部分，其中，高等职业教育是职业教育的重要组成部分。在历史发展的过程中，国家越来越重视职业教育"双师型"教师队伍的建设，推动了高等职业教育的发展。

一、初步探索阶段（1995—1999 年）

随着我国经济改革与发展，教育法律体系逐步完善，职业教育也迈上了迅猛发展的道路。为了适应国家职业教育发展和提高的趋势，职业教育教师的数量需求迅速上升，对其专业素养的要求也更上一层楼，"双师型"教师概念应运而生。1995—1999 年，我国高职院校"双师型"教师队伍建设处于初步探索阶段，这一阶段国家发布的有关政策主要呈现以下特征。

（一）国家政策文件中首次正式提及"双师型"教师概念

在我国职业教育领域，"双师型"教师是特有的称谓。1995 年，《国家教委关于开展建设示范性职业大学工作的通知》中首次正式提到"双师型"教师这一称谓，自此这个具有中国特色的称谓开始陆续出现在职业教育发展的诸多国家政策中。"双师型"教师重视专业课、实习指导课教师专业方面实践操作能力的培养和提升。"双师型"教师的概念首次正式使用于国家政策文件中，标志着国家开始重视提升职业教育师资队伍的素质，标志着"双师型"教师队伍建设进入初步探索阶段。然而，首次正式提出的"双师型"教师这一概念是针对高等职业教育而言的，当时职业教育教师分为专业课教师和实习指导课教师两类，并没有明确说明"双师型"教师的具体概念及认定标准。

（二）引进企业能工巧匠做兼职教师，开始重视"双师型"教师队伍建设

1998 年 2 月发布的《面向二十一世纪深化职业教育教学改革的原则意见》（教职〔1998〕1 号）注重教师的培养培训和师德建设，鼓励教师要深入企业一线锻炼，夯实文化课教师的理论知识水平，提升专业课教师的技术技能，重视提高教师实践能力，尽量引进有实践经验的企业技术人员做兼职教师。可见，20 世纪 90 年代后期，"双师型"教师初步成为高等职业院校教师队伍建设的目标。同年 12 月发布的《教育部关于贯彻十五届三中全会精神促进教育为农业和农村工作服务的意见》（教职成[1]〔1998〕1 号）（简称《意见》）中提出要抓"双师型"教师队伍建设就要注重专业教师操作和动手能力的提高，开展多样化培训，加强考核，并聘请实践经验丰富的专业技术人员与能工巧匠进校作为兼职教师。《意见》中首次将"双师型"教师作为一个队伍群体提出，并且高度重视培训和考评，对"双师型"教师的认可度、重视程度逐渐提升。

（三）兼有教师资格和其他专业技术职务的教师为"双师型"教师

1999 年 6 月发布的《中共中央国务院关于深化教育改革全面推进素质教育的决定》（中发〔1999〕9 号）（简称《决定》）中明确职业院校要重点吸收企业优秀技术人员做教师，要求"双师型"教师要有教师资格及其他专业技术职务。《决定》首次对"双师型"教师队伍提出了要求，对什么是"双师型"教师做出了初步界定，并初步指明"双师"建设方向。但这一要求只考虑了"双师型"教

---

① 教职成：即教育部职业教育与成人教育。

师的表面特征而没有切实考虑"双师型"教师应有的内在素质，导致社会对"双师型"教师的解读偏向"双证书"论。很多职业院校认定"双师型"教师时按照"双证书"的标准，导致"有证无能""有能无证"的现象普遍发生。

1995—1999年处于初步探索阶段，我国开始了"双师型"教师队伍建设的第一步，职业院校"双师型"教师政策初步建立。针对前期高等职业教育发展的规模和经验，政府开始尝试构建适合我国国情的高等职业教育体系，用更高要求衡量职业院校的师资力量水平，强调提升教师的专业实践能力。但这一时期职业教育的"双师型"教师队伍建设并未形成比较完善的体系，对于如何建设"双师型"教师队伍还没有明确统一的规范，主要强调的是职业院校教师的专业实践能力、"双师型"教师的数量问题，主张从企业中聘任能工巧匠。可以看出，这一时期，职业院校中"双师型"教师主要是通过这样的一种途径来补充的。另外，国家政策文件中只是对"双师型"教师的培养有所提及，而对"双师型"教师具体的培养培训以及什么样的教师是"双师型"教师等方面没有涉及，因而"双师型"教师职业发展政策执行方面尚处于探索阶段。

二、深化发展阶段（2000—2010年）

随着职业教育越发注重内涵式发展，对职业教育教师队伍的要求也越来越高。经历了初步探索阶段，2000—2010年，国家越发重视"双师型"教师队伍建设，陆续发布大量职业教育师资队伍建设相关政策。在国家政策的指引推动下，深入探索"双师型"教师内涵已达成共识，"双师型"教师队伍建设目标初步明确，职业院校师资队伍培训基地建设得到重视，"双师型"教师队伍建设进入了深化发展阶段。这一阶段国家发布的有关政策主要呈现以下特征。

（一）初步明确要建立一支什么样的"双师型"教师队伍

从2000年起，职业教育"双师型"教师这一概念逐渐被社会认可，我国职业教育"双师型"教师队伍建设进入了深化发展阶段。2000年7月发布的《关于加快少数民族和民族地区职业教育改革和发展的意见》进一步明确了中等职业院校要逐步建立一支"专兼结合、数量足够、素质优良、结构合理、相对稳定"的"双师型"教师队伍。

（二）注重"双师型"教师队伍硬指标发展

2002年8月国务院发布的《国务院关于大力推进职业教育改革与发展的决定》（国发〔2002〕16号）强调职业教育教师要到企事业单位进行专业实践和考察。这是十分重要的，明确职业教育教师应该具备较高的专业技术能力和水平，重视提高职业教育教师的专业实践能力。2005 年 8 月发布的《国务院关于大力发展职业教育的决定》（国发〔2005〕35 号）中提出，要大力支持职业教育教师的专业技术提升工作，教师可以根据自身实际情况和水平考取本专业以外的专业技术资格证书，以此促进"一专多能"教师的提高和发展，从而促进"双师型"教师队伍建设。可以看出这一时期很看重职业教育教师的专业实践性，大力支持有能力的教师向上发展，但依旧以"唯证书"的方式进行，仍存在"重数量轻质量"的问题。

（三）重视建设师资队伍培训基地

2010 年 7 月 29 日发布的《国家中长期教育改革和发展规划纲要（2010—2020 年）》（简称《纲要》）指出建设职业教育教师实训基地对进一步发挥职业教育基础的教育性、职业性具有重要作用。2010 年是国家教育改革和发展的关键之年，《纲要》中还明确提出建设职业教育实训基地，提升职业教育实践教学水平，重视优化教师专兼结构。

这一阶段"双师型"教师队伍建设从个体层面满足"双师"素质向群体层面优化"双师型"教师队伍结构的方向转变，不仅仅只强调培训具备"双师"素质的教师，也注重从校外聘请兼职教师来完善职业院校"双师型"教师队伍的结构。这是从当时职业院校发展的实际情况以及短时间内无法培养足够数量、质量的"双师型"教师的现实情况出发的。对职业院校中教师的职称、聘任做出了说明，继续建设和完善职业资格证书制度。完善这些关于教师的制度，既有利于职业院校教师的专业化发展，又为"双师型"教师职业发展政策的执行提供了规范化的政策指令，还对职业院校中教师的培养培训时间、期限以及类型等做了说明，推动"双师型"教师数量和质量的双向提高。此时，"双师型"教师职业发展政策在国家立法层面出现，但是主要针对的是在职教师的培养培训，其具体的职业发展操作程序还是比较模糊的。另外也还没有建立起专门的职业资格证书制度，"双师型"教师的界定依据也不太清晰。因而该阶段"双师型"教师职业发展政策执行的主要依据是仅有的政策文件规定和资源安排。

三、细化调整阶段（2011—2018 年）

（一）提倡校企共建"双师"实践培训基地

2011 年 1 月发布的《全国教育人才发展中长期规划（2010—2020 年）》依然重视职业院校"双师型"教师队伍的建设，且教师的培养培训受到高度重视，倡导多主体共建"双师型"教师培养培训基地,培养培训要以提升"双师"素质为目标,明确提出每年培训一批骨干型的"双师型"教师、建设一批国家级"双师型"教师培养培训基地的要求。2012 年 8 月发布的《国务院关于加强教师队伍建设的意见》(国发〔2012〕41 号)中明确了行业企业在培养"双师型"教师中的重要作用,提出完善以企业实践为重点的职业院校教师培训制度。2014 年 5 月发布《国务院关于加快发展现代职业教育的决定》(国发〔2014〕19 号)中提出高水平学校和大中型企业共建"双师型"教师培养培训基地的要求。同年 6 月,教育部等六部门联合发布《现代职业教育体系建设规划(2014—2020 年)》,从教师资格、编制、用人制度、教师绩效评价标准、教师培训培养制度方面明确了"双师型"教师队伍建设方向,并指出"双师型"教师应享有绩效工资内部分配的适当倾斜政策。国家教育部门逐渐重视提高"双师型"教师的社会地位。

(二)注重培养高素质、高层次的"双师型"教师队伍

2016 年 10 月发布的《教育部 财政部关于实施职业院校教师素质提高计划(2017—2020 年)的意见》(教师〔2016〕10 号)中明确提出加快建成一支师德高尚、素质优良、技艺精湛、结构合理、专兼结合的高素质专业化的"双师型"教师队伍的目标,并且鼓励各地职业院校支持兼职教师参与"双师型"名师工作室建设、校本研修、产学研合作研究等。2018 年 1 月发布的《中共中央 国务院关于全面深化新时代教师队伍建设改革的意见》中主张将技能水平和专业教学能力作为"双师型"教师的考核评价指标。同年 2 月发布的《教师教育振兴行动计划(2018—2022 年)》中指出要实施新一周期职业院校教师素质提高计划,引领带动高层次"双师型"教师队伍建设。同年 9 月发布的《教育部关于实施卓越教师培养计划 2.0 的意见》(教师〔2018〕13 号)中明确了校企合作对培养"双师型"教师的重要性。

这一阶段高职院校"双师型"教师队伍建设取得的成效主要表现在四个方面。一是高目标。高职院校教师队伍要求具有高素质,注重专业化发展。二是高定位。"双师型"教师的培养培训应该体现出高层次水平。三是高师德。坚持"师德为先、学生为本、能力为重、终身学习"的高职院校教师基本理念,并且注重高职院校教师"德业双修"的综合素质。四是多元化培养主体。由政府主导,企业和高职院校协同培养"双师型"教师,注重校企共建培养基地,引进企业高技能技术人才到高职院校任兼职教师,鼓励高职院校教师进企业实践培训,注重提高高职院校的人才培养质量。

四、创新提升阶段（2019 年至今）

2019 年是我国职业教育"双师型"教师队伍建设的一个转折点。在此之前，国家为调整经济结构、优化职业教育体系与加强师资队伍建设而出台了一系列政策文件。自 2019 年起，我国职业教育进入高质量发展阶段，高职院校"双师型"教师队伍建设进入创新提升阶段。这个阶段注重改革创新"双师型"教师培养培训体系，重视建设高层次、高水平、高素质的师资团队，坚持师德为先，追求健康与活力，使"双师型"教师队伍建设进入了新发展时代。国家越发重视职业教育"双师型"教师队伍建设，追求职业教育师资队伍的提质培优与创新发展。这一阶段国家发布的有关政策主要呈现以下几个特征。

（一）带动全国各地职业院校建设"双师型"教师队伍

2019 年 1 月发布的《国务院关于印发国家职业教育改革实施方案的通知》（国发〔2019〕4 号）中对"双师型"教师和专业课教师的数量比例进行进一步规划，要求到 2022 年"双师型"教师占专业课教师总数超过一半。同年 6 月发布的《全国职业院校教师教学创新团队建设方案》中提出要加强团队教师能力建设，组建校企合作、专兼结合的"双师型"团队。同年 9 月发布的《深化新时代职业教育"双师型"教师队伍建设改革实施方案》对建设高等职业院校"双师型"教师队伍具有里程碑式的意义，其中提到的带动各地各校"双师型"教师队伍建设是我国职业教育现代化发展的基本诉求，提供强有力的师资保障是服务社会的基准，全面培养高质量的复合型技术技能人才是"双师型"教师队伍的职责。

（二）创新"双师型"教师培养培训体系，建设充满活力的"双师"队伍

2020 年 9 月发布的《职业教育提质培优行动计划（2020—2023 年）》（简称《计划》）显示出国家对"双师型"教师的基本要求向着清晰且具体的方向发展。"双师"素质依然是一个热门讨论话题。《计划》中指出要实施新一周期的"全国职业院校教师素质提高计划"，要求职业院校教师参加五年一轮的教师全员培训，"双师型"教师培养培训基地、教师企业实践基地应该由学校和企业共同建设。2021 年 8 月发布的《教育部 财政部关于实施职业院校教师素质提高计划（2021—2025 年）的通知》（教师函〔2021〕6 号）提出要深化产教融合、校企合作，突出"双师型"教师个体成长和"双师型"教学团队建设相结合。可见，随着国家的全面发展，"双师型"教师培养体系也要不断创新，以适应时代之需。

这一阶段，国家既针对高职院校教师企业实践、校企合作促进办法等进行了具体的规定，也针对全面深化新时代"双师型"教师队伍建设发布改革实施方案，充分体现了党和国家对高职院校"双师型"教师队伍建设的重视。这一阶段注重高职院校"双师型"教师队伍建设全面全方位的创新发展，推进以"双师素质"为导向的教师准入制度，教师团队发展注重创新性和高水平相结合，"国家工匠之师"成为高等职业教育教师发展的标杆。

我国自20世纪90年代起便已开始推进"双师型"教师队伍建设，但如何建立一支高质量的"双师型"高职教师队伍至今依然困扰着职业教育界。重数量轻质量、结构不合理、认证标准不统一、来源渠道单一、评价体系不完善、系统培训缺失、建设经费不足等问题依然存在，致使"双师型"教师队伍整体素质偏低，与市场和企业的需求脱节。因此，深化职业教育改革，提升教师队伍"双师"素质，已成为职业教育高质量发展和建设人力资源强国的首要课题。

第二节　高职院校"双师型"教师队伍建设的现状及影响因素

一、高职院校"双师型"教师队伍建设初见成效

（一）高职院校"双师型"教师队伍建设政策日渐完善

随着国家对职业教育的重视，高职院校"双师型"教师队伍的建设框架逐渐完善。2018年，《中共中央　国务院关于全面深化新时代教师队伍建设改革的意见》中提出全面提高职业院校教师质量，建设一支高素质"双师型"的教师队伍的要求。2019年，《深化新时代职业教育"双师型"教师队伍建设改革实施方案》中提出了新时代"双师型"教师队伍建设的具体目标与要求。2022年，新修订的《中华人民共和国职业教育法》（简称《职业教育法》）细化了高职教师培养体系、评聘制度以及校外人才兼职教师等制度，以法律的形式形成了保障。[①] 这些顶层设计都是着力构建高职院校"双师型"教师队伍的"四梁八柱"。随着我国高职教育改革的不断深入，高职院校教师队伍的职业标准和"双师型"教师队伍的建设路径逐渐清晰，为高职院校教师队伍建设提供了坚实的保障。

---

① 修桂芳，谢圆.论我国职业教育高质量发展的法律支撑：基于《职业教育法》修订的解析［J］.中国职业技术教育，2022（19）：12-18.

（二）高职院校"双师型"教师队伍培养重视教师的社会实践经历

社会实践是教师成长的重要途径。教师通过在实际工作中的体验和反思，能够更好地理解理论知识，并将其应用于教学中，提高教学效果。

高职院校在"双师型"教师队伍建设中，逐步认识到教师社会实践经历的重要性。为此，自2019年起，高职院校在招聘教师时更加注重从具有丰富工作经验和高学历的企业人员中选拔，使得新聘用的教师不仅具备丰富的理论知识，还具备较强的实践能力。这一举措有效提升了"双师型"教师团队的整体素质。

（三）高职院校"双师型"教师队伍培养形成多元化培养培训格局

职业教育的生命力在于实践和应用。伴随着产业升级和经济结构的不断调整，继续加深产教融合势在必行。近年来，国家不断健全职业院校与地方政府、行业企业联合培养机制，深度挖掘企业在"双师型"教师培养中的作用，坚持以教促产、以产助教、产教融合、产学合作。2019年，国家发布了《深化新时代职业教育"双师型"教师队伍建设改革实施方案》《首批全国职业教育教师企业实践基地名单》和《职业技术师范教育专业认证标准》等文件，提出建设100家校企合作的"双师型"教师培养培训基地和建立职业教育教师专业标准体系等要求。2022年，中共中央办公厅、国务院办公厅发布了《关于深化现代职业教育体系建设改革的意见》，提出现代职业教育体系建设的改革方向：坚持以教促产、以产助教、产教融合、产学合作，延伸教育链、服务产业链、支撑供应链、打造人才链、提升价值链，推动形成同市场需相适应、同产业结构相匹配的现代职业教育结构和区域布局；构建央地互动、区域联动，政府、行业、企业、学校协同的发展机制。

多元化培养培训格局体现了职业教育的"产教融合"发展趋势。通过校企合作共同培养具有实践能力和创新能力的"双师型"教师这种模式不仅增强了教师的实践能力，也有助于实现教育与产业的无缝对接，提高教育的适应性和实用性。

二、高职院校"双师型"教师队伍建设的影响因素

（一）政府方面的因素

1.高等职业教育政策支持力度有待加强

在高等职业教育方面，国家确实出台了一些鼓励政策，特别是鼓励行业龙头企业、上市公司以及其他各类企业依法参与举办高等职业教育。然而，这些政策

的具体优惠力度在实际操作中并不能满足需求。仅依靠学费收入或投资者的资金投入，确实难以保证学校的持续健康发展。在教师队伍建设方面，如招聘引进、培训考核、薪酬福利等方面，都会因为资金不足而受到限制。这在一定程度上增加了人才引进的难度，也降低了对已引入人才的留存吸引力。此外，在实际操作中，针对高等职业教育的各项扶持政策在名额分配上往往向公办高职院校倾斜，这使得一些民办高职院校在竞争中处于不利地位。

2. 经费投入的挑战

高等职业教育经费增长的速度有时低于总体教育经费的增长速度。经费不足不仅制约了高等职业教育的快速发展，还影响了其扩招能力。高职院校需要大量的财政经费来支持其实践设备和场地的建设，以满足培养高技能、高素质、应用型人才的需求。然而，由于社会上对高职院校的某些偏见，它们在与企业合作或从政府部门获取经费支持方面，通常处于劣势，特别是在"双师型"教师队伍建设方面，获得的资源支持相对较少。

我国支持企业发展主要是通过财政直接拨款、财政贴息、税收返还三种方式，具体形式主要有价格补贴、亏损补贴等。现有政府补贴绝大多数针对企业本身经营的问题或者市场存在的问题，还有一部分补贴是针对扶贫项目、高精尖科技项目等，而针对高等职业教育的补贴主要用于职工技能提升或转岗转业培训方面。政府直接对职业教师个体的补贴很多时候体现在对教师进行的各种培训方面，如支持教师外出参加培训，邀请名师、专家、技师等专业技能水平高的人才授课等。这些培训活动对教师的个人职业发展能起到一定的作用，但仅仅依靠培训是难以培养"双师型"教师的。教师接受有实践经验的专家、技师等的培训依然只能算作理论知识培训，因为缺少实地操作验证这一重要环节。对于"双师型"教师来说，绕不开的一点就是在企业的实践经验，现有教师通过在企业实践转为"双师型"教师是提高高职院校"双师型"教师比例的最佳方法。对企业来说，参与培养"双师型"教师缺少足够的经济利益驱动，让教师深入企业进行实践活动自然难以推行。政府的财政补贴没有针对企业参与"双师型"教师培养，企业也就不会有积极性来参与建设"双师型"教师队伍。

3. 校企合作的推动力不足

根据利益相关者理论，企业和学校都属于"双师型"教师队伍建设的利益相关者，"双师型"教师队伍的建设离不开高职院校自身的努力，也少不了企业的参与和投入。企业参与"双师型"教师队伍建设的前提是企业能够正确认识"双师型"教师培养的目的，但"双师型"教师界定的多样性，使得企业对"双师型"教师的认识常常偏离重点。企业参与"双师型"教师队伍建设的形式通常有三种，一是学校聘用企业兼职技术人员，二是企业向学校提供校外实训基地，三是校企合作。

现有校企合作模式大概分为六种：一是技术合作模式，成立技术研发中心等，针对企业创新滞后急需分摊成本的问题；二是科技攻关模式，联合攻关技术难题，在锻炼师生的同时给企业带来经济利益和创新成果；三是现代学徒制模式，校企共同培养学生，学生可以同时学习理论和技术；四是职业教育集团模式，政府、行业组织、企业单位、高职院校、研究机构、社会组织六大类团体相互合作形成职业教育集团，能全方位保障职业教育发展；五是共建实训基地，学校和企业共同提供实训项目所需资源，学生能进行岗前实操；六是共建二级学院，企业投入部分实训设备入驻学校，引进企业教师负责专业实训，即校企双主体进行高等职业教育的模式。以上六种校企合作模式中，职业教育集团模式中政府参与度较高，其他合作模式均是以学校和企业自行洽谈为主，缺乏政府在其中的鼓励、支撑作用。地方政府作为公共行政主体，其职能价值体现在维护和发展社会的公共利益上。政府部门应为当地高等职业教育体系改革创新做好铺垫，使高职院校和企业之间的沟通顺利进行，更好地促进产业和高等职业教育进行融合。

（二）企业方面的因素

1. 企业所处发展阶段的限制

目前我国的许多企业，特别是小微企业，仍然处于努力生存的阶段。对于这些企业来说，生存和发展是其首要任务。由于规模和资源的限制，这些企业在技能人才队伍建设方面往往缺乏长远规划和投入。因此，这类企业在参与高等职业教育的过程中会遇到一定的困难和限制。然而，一些发展成熟的企业，尤其是位于经济发达地区的企业，其参与高等职业教育的能力和意愿相对较高。这也导致了我国高等职业教育发展的地区性差异。

2. 企业营利目的的影响

企业作为以营利为目的的组织，在资源分配上通常会优先考虑直接经济利益。将时间和大量的人力、物力、财力投入在回报周期长、回报率不明显的项目上，对于多数企业来说并不是优先选项。因此，很多企业在制定和实施"双师型"

教师的实践和兼职计划方面，积极性普遍不高。然而，也有一些实力较强的企业愿意接纳教师进行实践学习，企业也能够借此机会获得高职院校的技术支持。

（三）学校方面的因素

1. 缺乏"双师型"意识，培养理念较为传统

我国部分高职院校的教育理念仍然停留在传统的学科教育模式上，主要侧重于理论知识的传授，而对实践能力的培养重视不足。尽管"双师型"教师的概念已经提出多年，但一些教师和管理者对其内涵和重要性的认识却不够，导致实际教学中的实践教学环节形同虚设。

例如，一些高职院校的课程设置仍然以理论课程为主，实践课程占比不足，实践教学设备和条件相对落后。教师的社会实践经历有限，很少有机会参与企业实践和技能培训，这使得他们难以将最新的行业动态和实际操作技能传授给学生。

教育变革需要转变观念和创新理念。高职院校要摆脱传统教学模式的束缚，树立"双师型"意识，重视教师实践能力和应用技能的培养。

2. 认证制度不完善

当前，我国部分高职院校"双师型"教师的认证制度不够完善，缺乏统一的标准和规范。不同地区和学校的认证标准不一致，有的学校侧重学历认证，有的则注重实践经验认证。这种标准的不统一导致"双师型"教师的资格认证存在较大的随意性和不公平性。

例如，有些地区的高职院校对"双师型"教师的认证过于宽松，只要具备一定的学历和工作经验即可获得认证；而有些地区则要求教师必须具备丰富的行业实践经验，甚至需要通过严格的考核。这种差异性认证制度，使得"双师型"教师的质量参差不齐，影响了整体教师队伍的建设质量。

统一的认证标准和规范是保障"双师型"教师质量的重要手段。高职院校应建立科学、统一的认证制度，确保"双师型"教师的资格认证公平、透明。

3. 培养机制有待完善

一些高职院校的"双师型"教师的培养机制存在不足之处，主要体现在培养模式单一、培训内容不全面、实践机会不足等方面。一些学校的培训主要以理论学习为主，缺乏实践操作和与企业交流的机会。

例如，一些高职院校组织的教师培训，大多是邀请专家进行理论讲座，而教

师缺乏实际操作和动手能力的培训。许多教师在参加培训后，回到教学岗位上仍然无法将所学知识应用到实际教学中，无法有效提升教学质量。

教师的专业发展需要持续的培训和实践。高职院校应构建多元化的培养机制，结合理论教学和实践训练，提升教师的专业能力和实践水平。

4. 人才引进机制不合理

部分高职院校在"双师型"教师的人才引进上存在机制不合理的问题，往往偏向高学历人才，而忽视了具有丰富实践经验的专业人才。这样的引进机制导致教师队伍中缺乏实践能力强的"双师型"教师。

例如，一些高职院校在招聘教师时，主要考察应聘者的学历和科研成果，而对其实际工作经验和技能水平关注较少。这导致学校引进的教师虽然学历高，但缺乏行业实践经验，难以胜任实践教学任务。

科学合理的人才引进机制是构建高素质教师队伍的基础。高职院校在引进教师时，应注重考察其实践经验和专业技能，确保"双师型"教师的多样性和实用性。

5. 后续培养缺乏科学性

一些高职院校在"双师型"教师的后续培养上缺乏系统性和科学性。培训内容单一、培训方式陈旧，未能结合教师的实际需求和学校的发展目标进行科学规划。

教师的专业发展需要系统的培训和科学的规划。高职院校应结合教师的实际需求，制订科学的培训计划，提升培训效果，促进教师专业发展。

6. 教师的团队意识薄弱

部分高职院校的"双师型"教师队伍的团队意识较为薄弱。教师之间缺乏合作和交流，教学和科研活动往往独立进行，难以形成协同效应。例如，在一些高职院校，教师更多的是各自为战，缺乏团队合作的意识和机制。教学和科研活动主要是个人行为，难以形成合力，这不仅影响了教学质量，也限制了科研水平的提升。

团队合作是提升组织效率和创新能力的重要手段。高职院校应加强教师团队建设，促进教师之间的合作和交流，提升教学和科研的协同效应。

7. 缺乏有效的"双师型"教师考评和激励措施

一些高职院校在"双师型"教师的考评和激励方面，缺乏有效的机制和措施。考评标准不明确，激励措施不足，导致教师的积极性和创新能力未能充分发挥。

例如，部分高职院校对"双师型"教师的考评主要依据其理论教学的表现，而忽视了对其实践教学和创新能力的评价。激励措施也主要集中在物质奖励方面，缺乏多样化的激励机制，难以充分调动教师的积极性。

科学合理的考评和激励机制是激发员工积极性和提升组织绩效的重要手段。高职院校应建立明确的"双师型"教师考评标准，制定有效的激励措施，激发教师的工作热情和创新能力。

（四）教师自身因素

1. 高职院校教师角色认同的挑战

高职院校教师的工作任务较为繁重，通常需要承担多门课程的教学任务，每周的课时安排也相对紧密。此外，他们还需完成学校或教育管理部门布置的各类教学任务，这使得教师能够用于自发学习和提升的时间相对有限。这种情况对教师自身的学习和发展造成了一定的制约。

部分教师对高职院校教学存在认知上的偏见，认为在高职院校任教不需要提升教学能力，也不需要具备行业相关的实践知识及能力，只需完成手头的教学任务即可。这种认知导致他们对成为"双师型"教师的意愿不强。

此外，部分教师认为到企业实践是浪费时间和精力，认为这只是学校的硬性要求，因而缺乏主动性和积极性。

高职院校教师对自身角色的认知表现为两个方面：一方面，他们需要认识到自我成长的必要性；另一方面，他们需要认识到参与学校发展的重要性。教师的素质直接影响学校的生存与发展，相关研究表明，当前高职教师参与学校发展治理的意识较强，但实际参与度不足。

2. 高职院校教师社会角色的期待与现实

高职院校教师对社会角色的期待与现实之间的落差导致了其角色认知的模糊。在教学过程中，学生课堂失范行为的发生频率较高，导致教师的工作满足感不断降低。如果教师在工作中长期处于倦怠状态，对教学失去热情，对科研缺乏动力，将很难在工作中获得成就感。传统的教育观念及社会大众对高职教育的偏见、高职学生的固定就业模式、产教融合的不充分等因素均对高职院校教师的角色期待造成了冲击。

部分高职院校教师对"双师型"教师的发展前景持保留态度，认为政策的落实过程存在偏差，影响了他们对未来职业发展的认同程度。

3.高职院校教师角色认知中的来源差异与冲突

尽管高职院校教师工作于同一场域——高职院校,但其工作前的场域来源不同,企业来源的教师与学校来源的教师在角色认同上存在显著差异。

在高职院校文化场域中,教师的教学围绕着教育教学、知识导向的课堂与教学计划、职称提升等方面进行;而在企业文化场域中,高级工程师的教学习惯则着重于完成项目任务、技术培训、技能提升等方面。因此,当企业来源的人才进入高职院校成为教师时,会出现不同程度的角色冲突和适应不良情况。这些教师对高职院校教师角色认知出现偏差,甚至认同程度较低。

4.高职院校教师终身学习能力的不足

在产教融合背景下,高职院校教师需要不断更新知识储备和学习方式,以适应产业的不断升级。然而,部分教师的学习意识和终身学习能力不足,仍习惯于短期培训,缺乏深入行业企业一线进行深度学习的动力。这种情况对教师自身发展形成了挑战,也影响了高职教育质量的提升。

5.高职院校教师职业使命感的提升

教师对高等职业教育的信念和从业动机直接影响其工作态度和职业发展。部分教师对高职教育缺乏自豪感和使命感,把在高职院校从教当作职业跳板,这种态度影响了他们的教育质量。教育信念和从业动机的不足,使得部分教师自我提升的意识较为淡薄,满足于现状,缺乏对未来职业发展的规划。

6.高职院校教师科研水平的现状

与普通高校相比,高职院校的科研投入相对较少,但这并不意味着高职院校可以忽视科研工作。高职院校教师在国内外重要学术刊物上发表的论文数量较少,科技开发和工程技术、实验技术等方面的研究成果也较为有限。出现这种情况的原因包括教师对科研工作的重视不足、教学任务繁重、科研经费短缺等。

高职院校如果不开展科研工作,缺乏自己的科研成果,就难以形成办学特色,也难以体现"高"等特点。科研工作不仅对提升教师个人专业水平和教学质量有重要作用,还能提高学校的整体办学水平和社会影响力。教师的科研热情和奉献精神对学生也有积极的影响,有助于提高教学和育人工作的效果。

(五)社会方面的因素

社会认知和支持是职业发展和职业认同的重要影响因素。社会对高职教育和"双师型"教师的认知和重视程度不高,影响了教师的职业认同感和成就感。例如，社会大众往往对高职教育存在偏见，认为其教育质量不高，导致"双师型"教师的职业认同感较低。缺乏社会各界的支持和参与，制约了"双师型"教师队伍的全面发展。提高社会对高职教育和"双师型"教师的认知和重视，能够增强教师的职业认同感，激发其工作积极性，促进教师队伍的全面发展。各级政府、媒体和社会组织应通过多种渠道和形式，加强对高职教育和"双师型"教师的宣传和引导，提高社会对其的认知度和认可度。

第四章 国外高职院校"双师型"教师队伍建设的经验及其启示

目前，我国"双师型"教师队伍建设还不够成熟。与我国的情况不同，国外一些发达国家的高职院校师资队伍经历了长期的改革和发展，已经相当成熟。目前，国外高等职业教育的发展趋势主要表现在四个方面：从以前的注重学科知识转向注重实践能力；赋予高等职业教育的"能力"多种内涵；更加注重高职院校教师职业素质的培养；高职院校与广大企业合作，为企业培养人才，与企业深度融合。国外的模式和经验值得我们借鉴。本章从国外高职院校"双师型"教师队伍建设的模式和国外高职院校"双师型"教师队伍建设对我国的启示两个方面进行阐述。

第一节 国外高职院校"双师型"教师队伍建设的模式

一、美国

（一）美国高职院校教师培养模式

美国的职业教育门类齐全，其院校和研究所等相互衔接，有各种规模、形式的职业教育项目，其规范化、科学化的师资培养模式推动了高质量职业教师的持续供给，也为经济发展提供了优质的人力资源。美国高等职业教育在教师培养方面具有独特优势和丰富经验，其以能力导向、终身发展、规范化的培养机构及完善的课程体系著称。下面详细分析其在教师培养理念、职业生涯发展、培养机构与模式及课程体系等方面的实践与成效。

1. 坚持能力导向的教师培养理念

美国高等职业教育师资（简称"高职师资"）培养强调能力导向，通过在真实环境中积累工作实践经验，促进师范生专业技能和教育技能的提升。美国职业教育的重要人物查尔斯·普罗瑟（Charles Prosser）强调，教师将专业知识和技能应用于教学过程的能力和经验对职业教育成效至关重要。21世纪以来，美国高职师资的培养理念逐渐凸显能力导向，要求师范生参与真实的教学实践，由经验丰富的教师担任导师，为新教师提供指导和支持。基于高职院校自身的发展特色和规律，师范生必须接受专业技能训练和高职院校教学实习，培养专业技术能力和教育教学能力。导师为新教师的课堂组织、教学设计和人际沟通提供指导，通过教学示范和经验分享，引导师范生交流反思、自我总结，全面提升高职师资的实际教学能力。由于高等职业教育的特殊性，高职师资需认清产业需求和工作要求，获取大量工作实践经验，提升专业化能力。美国主要通过校内实习、短期企业参观和校外实习三种途径对高职师资进行专业技能培养，院校与企业建立深度合作关系，确保师范生深入企业进行工作实践，在参与企业培训项目过程中了解企业文化，掌握工作流程、步骤和要求，以积累企业实践经验，锻炼独立完成工作的实践能力。

2. 注重高职师资的职业生涯发展

美国高职师资培训建立在终身发展的基本理念上，注重其自身能力持续更新和职业生涯发展。随着科学技术发展和产业变革，产业界急需大量创新型、复合型技术人才，高职师资需不断提升对劳动市场的适应能力，持续更新自身技术能力。美国以教师资格证为依托，对教师执照的有效期加以限制，将教师培训纳入整个职业生涯发展阶段，以督促高职师资的持续学习和终身发展。一般来说，高职教师资格证书有效期为四到五年，教师须完成相关专业发展活动才能续签执照，从而确保高职师资既跟上教学方法的革新，又适应职业领域的技术变革。美国设有系统化的高职师资评估和反馈体系。各州从基于学分的教师专业发展向基于工作的教师专业发展转变，教师利用评价反馈不断改进实践。这种持续性的、基于工作的教师专业发展模式为高职师资提供了形成性反馈，能够帮助教师观察、反思教学过程，不断改进和提升综合素养。

3. 规范化的高职师资培养机构和培养模式

美国高职师资的职前培养机构是经过专业认证的各类大学。美国高职教师分为普通文化课教师和专业教师。普通文化课教师主要的培养渠道是普通高等院校或师范院校；而专业教师的培养一般在授予职业教育教师资格的高等学校开设的教育学院进行，其开设的专业教育课程包括高等职业教育课程以及工业技术教育课程、应用技术教育课程等。美国教师培养机构的管理认证较为规范，如美国教师培养认证委员会（Council for the Accreditation of Educator Preparation，CAEP）是高职师资培养认证机构，大学及学术机构经过认证之后均可培养高职师资。美国高职师资培养机构兼具开放性与规范性、多样性与独特性的培养特色。美国规范化的师资培养机构培育出了高质量、高水平的高职师资。

美国存在两种高职师资认证途径：一种是基于学位课程的传统途径，另一种是基于职业工作经验、教学培训的替代途径。美国高职师资的招聘对象为在大学或学院完成相关课程，取得学士（硕士）学位，并具有所教技术课程的一到两年实际工作经验者。此外，由于美国长期面临高职师资短缺的风险，为扩充师资来源，各州（学区）通过替代途径吸引大量具有实践经验的专业技术人员成为高职师资。

4.课程体系完善且凸显学术整合取向

（1）完善的课程体系

美国传统的高职师资教学技能培养的课程体系相当完善，具体体现在以下几个方面。

第一，教育基础课程。美国高校为高职师资开设的教育基础课程种类多样，包括职业教育类、教学方法类、教育技术类等。这些课程门类设置得较为精细，如单独的教学计划课程、学生评价课程和教学方法课程等。课程设置体现了美国对教育基础课程的高度重视。师范生通过对基础性知识的掌握，达到高标准的学术要求，具备满足要求的教学能力。

第二，专业教学技能课程。美国高职师资培养中设置了丰富的专业教学技能课程，这些课程内容包括教学策略、教材教法、教学技巧和辅助教学法等，形式多为实践课。这些课程划分明确，有针对性地培养学生掌握不同的教学方法。师范生通过专业教学技能课程，结合心理学、教育学和职业教育学课程，融合专业教育知识和专业技能，形成综合教学能力。教育基础课程和专业教学技能课程共同为教育实习奠定坚实的理论与实践基础。

第三，教育实习课程。在培养的最后一年，美国高校设置了教育实习课程。从理论课程到实践课程、从教育基础课程到教育实习课程，形成了完整的高职师资培养课程体系。

（2）学术整合取向的课程体系

当前，美国高职师资课程除了注重专业课程和职业教育课程，还将学术课程和文理课程纳入其中，强调学术课程和职业教育课程的整合，以完善教师知识结构，培养其综合能力。其具体特点包括以下几个方面。

第一，广泛的文理基础。美国高职师资培育课程设置文理基础宽泛，强调高等职业教育和学术教育的融合。课程提供哲学、社会学、经济学和心理学基础的公共知识库，集中培养师范生的人文素质和科学文化修养，以提升其社会适应能力、应变能力和批判性思维能力。

第二，注重跨学科协作。文理基础课程融入高等职业教育课程，弥补了培训课程割裂的缺陷，重新构建完整的课程体系。鼓励职业教育教师与数学、英语、科学等学术课教师相互协作，共同参与课程开发，使不同观点和学术背景的教育者主动获取多元知识，激活自身批判性思维能力和管理合作能力。

第三，理论与实践的统一。美国秉承跨界整合、连贯一致的课程思想，实现了理论和实践的统一，强化了对高职教师职业情操、人文精神和专业秉性的重视，推进了教师综合素养的协调发展。

（二）美国高职院校教师专业发展制度的经验

美国的高等职业教育发展水平位居世界前列，并在教师专业发展制度方面积累了丰富的经验。

首先，注重法制建设。美国国会在《史密斯－休斯法案》中明确规定了职业教育教师需要具备的资质，要求高职教师不仅需要接受专业教育，还需要积累丰富的实践经验，将实践能力作为教师任职的基本能力。20世纪80年代以来，美国陆续出台了一些教师入职标准。1987年成立的全国教师专业标准委员会（National Board for Professional Teaching Standards，简称NBPTS）颁布了《教师专业认证标准》，对教师的专业能力、职业素养和发展要求等做了系统性的规定。这些标准主要针对有经验的教师，旨在提升教学质量和促进教师的专业化发展。

其次，完善教师准入制度。美国认证职业教育教师的标准主要有两个层次，第一层次是教师的核心标准，对从事教育教学事业人员的知识、能力、意向等做了整体要求。第二层次为分科标准，对不同科目、课程教师的准入标准，如专业基础和教学能力等做了具体要求。

最后，制定严格的配套考试制度。美国职业教育教师的配套考试体系分为多种类型，其中较为常见的是美国教育考试服务中心（ETS）开发的普瑞克西斯（Praxis）考试体系。该考试体系分为三个部分，分别为学业技能评估、学科专业评估以及课堂表现评估。考试成绩对教师的职业发展具有重要影响。

（三）美国高职院校"双师型"教师培养的做法

美国职业教育教师培训自 20 世纪 20 年代步入正轨后，经过不断完善与发展，形成了较为完整的"双师型"师资培养体系。

1. 持续立法与完善的体系建设形成独特的双重培养模式

（1）持续立法

《史密斯－休斯法案》规定，实践工作经验是政府资助职业教育项目的必要条件，这一规定意味着美国高职师资培养制度开始走向规范化，形成了通过高等教育取得师资资格的"传统模式"和通过行业实践工作积累取得师资资格的"替代模式"。《卡尔·D.帕金斯职业与应用技术教育法案》支持学术教育与职业教育的整合。《从学校到工作机会法案》建立了学校学习、岗位学习和衔接活动的有机整合体系。《投资美国的未来：职业技术教育改革蓝图》中提出了替代途径，明确指出在高职师资聘用、教师专业发展和教学评价中增加实践工作考量项目，支持专业人员从工商产业界向高职师资的职业跨越，行业协会可以与高职师资培养单位合作，确保高等职业教育领域的知识、技能与行业产业的需求同步。

（2）完善的师资培养法律保障体系

美国具备完善的高职师资培养体系和师资保障体系。

第一，通过法律形式逐步确立高职师资专业培养标准。美国出台了高职师资培养的具体法案，如《职业训练合作法》《国家职业教育认证标准》等，逐渐统一并完善了高职师资培养的专业标准。

第二，完善的师资保障体系。美国已经形成专兼职教师结合的模式，为高职师资的培养提供充足的师资力量。

第三，严格的高职师资准入与考核机制。美国建立了完善的教师评价机制，结合教师激励机制，形成高质量的职业教育师资队伍。评价机制采用定量与定性相结合的方式，结合动态的薪酬管理制度，吸引师资并提高师资质量。通过法律建设不断完善高职师资培养的准入制度、考核制度，建立起规范有效的师资培养体系，为高职院校提供高质量且稳定的师资来源。在法律的保障下，美国高职师资培养日渐成熟与完善。

2. "双师型"师资培养的完整体系

经过长期积累和不断完善，以专业能力和职业能力为内核的美国高等职业教育"双师型"师资培养体系已经形成。涵盖专业标准、教师资格认证标准、师资培训课程设置的师资培养体系得到逐步完善，真正实现了高职师资两种能力（专业能力和职业能力）的制度化、规范化、程序化培养，摆脱了普通教育师资培养的窠臼，形成了一套基于美国国情的现代高职师资培养体系。

3. 实践为主的教学技能培养方式

美国师范生的教学技能培养以实践训练为主。第一，注重在校的临床实践，并将其贯穿师资培养的整个过程。临床实践要求针对教育中的有关问题进行一系列探讨研究，通过观察和实验的实践学习方式有针对性地分析教育中的某一环节或问题，也可以对教育理论进行探讨。这是一种较为灵活的教学方式，以实践为主要形式展开。美国重视教学方法实践课程，采用辅助教学法，结合微课教学和实训教学，将理论学习与实践练习完美结合。实践阶段的学习，旨在让学生掌握基本教学理论知识和基本教学技能，具备从教的基本意识与能力。学生达到这些学习要求后，可以向学校提出申请，通过后可进行下一阶段的教育实习。由此可知，美国对师范生实践的重视，使得实践模式发展得较为完善。第二，独立的教育实习阶段。实践合格后，学生通过申请进入教育实习阶段。教育实习是美国师范生教学技能培养的另一个重要阶段。实践阶段是初步形成教学技能的阶段，而教育实习阶段则是学生进行独立教学工作、反复练习使教学技能达到熟练的阶段。实习结束，考试合格，学生即可毕业，取得学位和教师资格证书。美国通过实践的形式培养具备专业教学技能的师范生。

二、德国

（一）德国高职院校教师培养模式

德国高职师资培训采用"双元制"模式，一方面在学校进行理论学习，另一方面在企业进行实践训练和技能培训。该模式充分体现了学校和企业的优势互补，做到理论与实践紧密结合，使高职师资素质达到"双师型"的培养目标。师资培养课程设置强调学科的交叉融合，以实践为导向，全面贯彻产教深度融合，强调职业教育师资培养的动态化发展，以对接科技发展和产业变革的动向。

1. "双元制"师资培养模式

德国坚持"双元制"的师资培养，采用"本硕连读＋预备实习期"两个阶段的职业教育师资培养模式。第一阶段的培训在大学进行，九个学期（四到五年）的课程安排了至少两门学科，并辅以职业和经济教育的研究。本科时期由专业学院负责，侧重师范生专业能力的培养；硕士时期由教育部和高等职业教育学院负责，着重培养师范生的教学论、教学法等教育教学能力。企业实习和高职院校实践的"双实践"活动均匀分布在本硕培养时期。师范生在本科时期应结合相关专业，深入企业进行实践，学习企业的先进理念、操作流程、生产程序和企业管理知识等；在硕士时期着重参与课堂教学实践训练，在有经验的教师指导下进行互助合作和协同教学，通过交流讨论、经验切磋和批判反思，重新审视教学经验，从而深化对教学的理解，提升教学实践能力。本硕连读阶段结束后，师范生进入见习阶段的预备实习期，为期一年半到两年，主要由高职院校中富有经验的教师进行指导，培养师范生具备胜任职业教育师资的综合能力。两个阶段结束后，师范生需参加国家的教学资格考试。

2.课程设置强调三性融合

德国师资培养的课程设置以职业为导向，凸显学术性、师范性和职业性三性融合的特征。课程设置以教师能力为导向，对接产业发展需求，打破传统的各自为政、课程割裂的局面，推进课程的交叉融合。

师范生课程设置体现出双专业融合特征，职业教育师资培养兼顾高等职业教育和专业教育两类学科，教学内容体现专业性，专业内容渗透教育教学。课程设置包含高等职业教育和专业教育两个领域的实践，体现双实践课程的融合。"职业科学"和"专业教学法"课程模块将学科专业和教育教学有机结合，成为教师专业化的发动机。德国以提高教师专业化水平，培养"双师型"教师为目标，打破学科课程分裂的局面。普通课程在呈现一定学术性的同时指向高等职业教育领域，高等职业教育与专业课程互相渗透、交融，实现学术性、职业性和师范性的三性融合。交叉融合的学科课程设置弥补了传统职业教育师资培养中理论与实践以及专业与教育的割裂，促进了职业教育师资综合能力的提升。

3.师范生培养强调产教深度融合

德国师资培养呈现典型的"双元制"，贯彻产教深度融合的思想，将企业作为关键"一元"纳入职业教育师资培养主体范畴。行业企业在反映产业变革、人才需求、市场波动中具有较高的敏感度和灵活度。德国师资培养以实践为导向，以理实一体、知行合一的职业教育师资为目标，强调校企合作、产教深度融合，充分实现师资培训体系的内外沟通协作、信息交流和资源整合。在充分考虑职业教育师资标准及特殊性的基础上，德国基于校企双主体的利益诉求，基于民主平等和谐理念，构筑产教融合的师资培训体系，促进职业教育师资的专业实践能力、跨界整合能力、工程实践素养的提升与发展。充分利用行业企业资源，选聘企业师傅、能工巧匠和专业管理人员作为兼职教师，传授新知识、新工艺和新技术，培养师范生的专业实践能力。学校和企业长期合作，联合构建培训基地、实践平台和评价体系，保障师范生广泛接触企业先进生产设备和培训项目，持续提升师范生的工程实践素养。采取相关优惠政策，鼓励和引导优秀企业将教育基地设于高职院校附近，为师范生的企业实践提供便捷的渠道，帮助职业教育师资广泛接触企业实际生产、经营理念和管理模式，实现师范生理论与实践的有效衔接，同时为企业建设发展提供支持。

4.评价制度注重动态化调整

师范生培养强调终身学习和持续发展。"工业4.0"对德国高等职业教育提出了新的挑战，打破了传统的技术路线，催生出的"智能化""信息化"和"网络化"改变了劳动力的结构。未来的技能人才培养需要更多知识结构快速更新、不断适应产业结构调整的高素质职业教育师资。德国综合发挥多项举措的聚合效应，全面提升师资的数字化能力，将数字化能力培养作为职业教育师资培养的关键环节。基于经济转型和产业变革的新趋势，德国创设师资数字化培训计划，开发多项数字化项目，完善基础设施和装备，深入推进职业教育师资数字化技术能力提升。此外，师范生的评价强调多元化的动态评价，全面提升师范生的综合素养，注重师范生的自我反思和交流讨论。多元化的评价方式能够帮助师范生意识到自身的不足和局限，从而努力提高自身的专业水平。

（二）德国高职院校教师专业发展制度的经验

德国是世界上高等职业教育最为发达的国家之一，在高等职业教育教师专业发展中积累了丰富的经验。德国高等职业教育教师专业发展制度的经验主要有以下几点。

1.完整地构建了职业教师专业发展体系

德国非常重视职业教师的教育与培训，并建立了学校教育、预备性服务以及继续教育三个阶段的教师专业发展体系。师范院校的学生除接受专业教育外，还要接受教育学、心理学等教育。学校教育以实践教学为主，理论教学为辅，学生在毕业前需要接受六个月的教学实践，并参加学位证书考试。预备性服务相当于正式进入高等职业教育岗位的实习工作，为期十八个月，毕业生既要旁听其他教师的讲课，也要参与到教学实践中，并在结束后参加国家统一组织的考试。在职教师一般通过继续教育接受培训，其内容主要包括教师专业发展培训以及教学技能培训等，让新入职的高职教师了解高等职业教育的热点和新技术。

2. "双元制"是最具特色的一种制度

"双元制"对德国职业院校教师的教育能力和专业素质构成了巨大的挑战。为保障"双元制"高等职业教育的顺利开展，德国要求职业教师时常参与到岗位实习中，获得高等职业教育所必需的基本技能和实践经验。德国从"双元制"高等职业教育教师专业发展的角度出发，制定了严格的考核制度。德国高等职业教育教师管理具有人性化的特点，不仅重视教学环境的优化，也在不断改善教师队伍的日常办公环境，提高办公环境的舒适性、温馨性，如增设午间休息室、配置咖啡机等，让教师在课间能够得到良好的精力补充。同时，在制度建设与实施中体现人文关怀，保证教师队伍的工作量控制在合理的范围内。

3. 校企合作发挥着突出的作用

德国人认为，企业的培养环境对造就真正的应用型人才来说至关重要。德国培养职业教育师资的任务由职业院校和企业共同承担。德国的高等职业教育师范生在参与实践教学过程中尤其强调实习和项目制作类综合性实训。据了解，职业院校中有60%~70%的学生毕业设计在企业实习的过程中由实训指导教师带领完成。对学生的专业能力、动手操作能力和理论掌握能力三个方面进行综合考评，既保证了高等职业教育的质量，又能充分发挥产学研结合的优势。校企合作联合培养高职师资的形式，已经成为德国高等职业教育发展的特色。

一般来说，企业在资金设备和市场敏感性上均优于学校。德国将校企合作作为"双元制"高等职业教育的重点，在职业师范教育中，高度注重学生在企业的实践与实习。德国职业师范教育中，学生三分之一的学习时间在学校，三分之二的学习时间在企业。德国高等职业教育的一个亮点就是企业生产过程中的专业技能训练。

4. 以市场需求为导向

德国高职师资培养具有明确的职业性和市场针对性特征，能够根据经济发展状况和市场实际需要调整专业设置。对专业设置的市场针对性要求使得德国应用技术类大学在培养职业教育师资方面能够快速适应入职、转岗、进修甚至改行的需要。以德国卡尔斯鲁厄应用技术大学为例，这所大学是德国最具实力的应用技术大学之一，地处巴登－符腾堡州。该校目前已发展成以工科、商科为主要特色的高等院校，受全球领先的企业管理软件公司思爱普（SAP）总部所处位置影响，该校的计算机通信工程也颇具实力，毕业生的就业率高居德国院校前列，人才培养质量广受好评。这与以市场需求为导向的师资培养密不可分。

5. 以科学教育为引领

德国在高职师资培养方面十分注重"科学教育引领职业实践"的教育理念。德国职业院校的教师通常分为专业实践课教师、专业理论课教师和普通教育课教师。专业实践课教师的培养方式较为简单,主要以提高动手实践能力和技能为目标进行职业相关技术培训。一般要求三到五年的实际工作经验,待经验时长达标后进入职业技术学校进行为期一到两年的高等职业教育学、心理学等相关内容培训。专业理论课教师和普通教育课教师的培养包括两个阶段:一是大学教育阶段(九到十个学期),按照 1∶2∶1 的比例学习教育科学、职业技术专业和普通教育专业。二是教师见习阶段(为期两年),进修内容包括教育学、心理学以及专业课教材教法等。

(三)德国高职院校"双师型"教师培养的做法

德国是一个联邦制国家,各州在高职师资培养方面具有一定的自主性,但总体上又体现出国家主义的特点,即国家在高职师资培养中的干预比较积极,并通过建立专业化的师资培养途径和严格的资格认证制度为高职师资的培养制定了一个全国性框架,奠定了职业教育教师公务员的地位。德国职业教育师资培养专业呈现明晰的阶段化特征。一是 19 世纪初新兴职业院校和职业教育教师的出现;二是 20 世纪初德国职业院校成为公立学校系统的一部分,职业教育教师从培训者开始向教育者转变;三是 20 世纪 60—70 年代,德国实现了高职师资培养学术化并开始向更高层次的大学教育转移。伴随德国高等职业教育教师资格规定出台,德国高等职业教育教师开始进入国家公务员的行列。

德国高职院校"双师型"教师培养的做法主要表现在以下五个方面。

一是严格的入职选拔流程。在德国从事高等职业教育的教师主要分为两大类——职业院校教师和企业培训员。其中,职业院校教师细分为理论课教师和实践课教师两小类。由于德国联邦政府严格的入职选拔要求,立志成为职业院校教师的学生,首先需要满足学校入学要求,其次要具备一年以上企业实习合格证明;在完成九个学期的大学学习后,顺利通过第一次国家考试(知识水平)和第二次国家考试(实践能力),才能具备高等职业教育教师资格。整个职业教育师资的选拔流程中,学生不仅需要具备扎实的理论知识基础,也需要经历严格的实践锻炼。

二是德国高职师资培养的专业标准不断提升。德国高等职业教育专业化的进程一直持续,其主要表现就是职业教育师资标准的不断加强。2004 年德国政府部门颁布了《教师教育标准：教育科学》，这一标准具有普遍性，适用于各类教师，它明确了各类教师从事教育工作应具备的一般能力，这些能力与教师的专业没有强关联，是各层次和各类型教师应具有的共同能力。《各州有关教师教育专业学科与专业学科教学法共同内容的要求》（2008）包括两方面的内容：一方面对教师所应具备的知识、能力、技能和态度，即学科专业能力进行了描述；另一方面针对学科专业进行了导学式描述，以便于学习者了解"学科全貌"。

三是德国高职师资培养和认证制度高度专业化，分为两个阶段，确保了高职院校师资的"双师型"特性。在大学阶段，学生主要学习专业知识并进行职业能力的实践锻炼，以提高其未来从事教育工作的专业化行动力。大学阶段结束后，学生需参加第一次国家统一考试，合格者进入预备实习期。实习期结束后，再参加第二次国家统一考试。两次考试不仅考查理论知识，还强调教师的全面发展能力。第一次考试内容包括专业教学理论、教育学、心理学及第三专业领域知识（如社会学、组织心理学、劳工教育等），并要求进行为期半年的学校教学实践。第二次考试主要考查学生的实际操作能力和教学经验，包括专业教学理论和普通教育学的专题论文、专业知识的教学论和教学法，以及普通教育学在职业教育中的运用。通过这两个阶段的学习和考试，学生才能最终取得德国职业院校教师的资格。这一由国家主导的职业教师资格认证制度不仅统一了各州高职师资的专业水平，还从根本上提升了高职师资的质量。

四是德国高职师资培养的课程设置。德国职业教育师资培养在不同的培养阶段采取了不同的课程设置形式。大学教育阶段主要进行专业理论培养，因此与其相应的课程形式主要是全日制课程，这与普通教育师资培养无异。但在以实践能力学习为主的预备阶段，课程形式发生了很大的变化，灵活多样，既有师父带徒弟的"学徒制"形式，也有一边进行理论学习一边进行操作实践的"半工半读"形式。此时课程形式的选择主要取决于实践教学的需要。

五是完善的继续教育制度。从德国联邦政府的条文规定可看出，职业院校的教师进修制度是相当受重视的。联邦政府法律规定，教师的继续教育形式主要有由州统一组织、由地区政府组织和由学校内部自行组织三种。其中，由于学校内部组织更具灵活性和可操作性，政府近年来也在尽力将资金下放到学校，以促进学校完善本校教师的继续教育（如德国萨克森州的做法）。政府和学校均采取各种措施鼓励教师进修以获得更高一级的任教资格。另外，教师的实训技能进修主要采用进修班和研讨会的形式，到专门的培训机构进行。国家劳动局还会酌情对参与教师发放资助性学费，以保障继续教育制度的顺利实施。

三、澳大利亚

（一）澳大利亚高职院校教师培养模式

澳大利亚的职业技术教育学院（Technical And Futher Education，TAFE）是澳大利亚进行高职教育教学活动的主要教育机构。澳大利亚的高职教育师资队伍建设主要体现在师资选聘与培训制度两个方面。

1. 师资选聘和准入制度

（1）选聘标准和程序

澳大利亚职业教育学院在选聘教师时，负责考察的小组成员除行业专家、行政管理人员、专业教师外，还有企业代表。选聘时通过笔试、操作、面试和体检等程序决定应聘者的取舍。

选聘教师的要求：一般都要有三到五年的专业对口的实践工作经历；须持有教师资格证书，具有心理学或教育学学士学位。一般采用聘用制，而非终身制，进行定期考核，优胜劣汰。

（2）教师资格体系

澳大利亚职业教育学院有明确的教师任职资格体系，针对每个行业的不同属性，为不同行业开发了一套包括资格认可标准、评估标准等的综合性评估资料，即"培训与监督"培训包中的四级资格证书。高标准、多渠道的师资选拔是澳大利亚职业院校发展成功的关键。

2. 教师培训制度

（1）在职培训和终身学习

为保证教师的知识更新和与时俱进，TAFE建立了一套非常完善的教师培训制度，鼓励在职培训和终身学习。入职后的新教师一方面承担教学任务，另一方面到企业挂职锻炼，参与企业的生产和研发工作。

（2）实践与技能提升

教师需参加当地的职业技能比赛活动，获取新的技能和信息，以此搭建校企合作的桥梁。这些方式确保了教师不仅具备扎实的理论基础，还能紧跟行业发展的最新动态和需求。

（二）澳大利亚高职院校教师专业发展制度的经验

1. 兼职教师多

澳大利亚高职院校有很多兼职教师，这些兼职教师弥补了学校专业教师的不足。从来源上看，澳大利亚高等职业教育的兼职教师主要是来自一线公司的技能技术人员，他们有丰富的工作经验和良好的操作能力。学校从企业中发掘兼职教师，与兼职教师签订合同，并为兼职教师开展为期一到两年的示范教育，提升兼职教师的教育教学能力，使兼职教师能够很快地适应教育教学工作，并利用熟练的技术和丰富的实践经验来弥补专任教师在实践教学层面的不足，借此提升职业教师群体的整体素质。

2.注重学生的学业评价

澳大利亚职业教育学校十分注重学生是否学到工作岗位需求的知识和处理事情的方法，以及是否具备工作岗位要求的能力。评价方法包括观察、现场操作、考试、第三方评价、自我评价、撰写分析报告等。各种评价方法相结合能更加准确地把握学生的实际能力。同时，教师在授课时，要根据具体情景及当时社会的发展情况保证教学效果的实用性和适用性。同时在教学场地上要不断创新，开拓新场地，如企业工作场所、实验室等。

四、英国

（一）英国高职院校教师培养模式

19世纪后期，为了大力促进经济的快速发展，英国政府迅速把握时机，将国内外经济、教育和技术发展紧密联系，关注职业教育的发展，重塑职业教育理念。英国的职业教育模式得到了全球150多个国家的推崇与效仿。

英国商业与技术教育委员会（Business & Technology Education Council，BTEC）是目前为止英国最具权威的职业资格认证及授予机构。BTEC是由商业教育委员会（Business Education Council，BEC）和技术教育委员会（Technician Education Council，TEC）合并而成的机构，融合了两者在商业和技术教育方面的资源和专长，旨在提供更综合和广泛的职业教育资格认证。作为英国两个既有紧密联系又有本质区别的职业教育机构，BEC和TEC在英国的高职教育领域发挥了巨大的作用。BEC是一个对全国统一的非学位课程及其实施情况进行管理、规划及检查的机构，TEC则是一个颁布证书和审批课程的机构。BTEC较好地将当今职业技术的研究和评价与英国的传统教育相结合，并尽其所能地开发学生自身的优势与潜能，大力提升学生的职业技术。随着国际教育情势的变化，基础教育和高等职业教育开始由对立逐渐走向统一。为了顺应潮流变化，1996年，BTEC和伦敦大学考试及评估委员会（University of London Examinations and Assessment Council，

ULEAC）合并成立了英国爱德思国家职业学历与学术考试机构（Edexcel）。自此，BTEC 职业教育的权威性显著提升。Edexcel 于 2003 年被培生公司（Pearson plc）收购，这进一步加强了其在职业教育领域的影响力。由于 BTEC 教育产品具有鲜明的特征，现在被广泛地称为"伦敦考试"。自 1983 年以来，在英国本土就有近 400 万学生接受过该类职业教育，截至 2019 年，全世界有 120 多个国家的近 6000 所教育机构采用 BTEC 教学课程，每年有超过 130 万名学生选择并完成 BTEC 相应的课程，获得 BTEC 官方颁发的资格证书。BTEC 课程的标准已经在全球范围内得到明确认同及大力推广，学生完成课程后所获得的证书被全球绝大多数国家所认可，因此既是职业证书，又是学历证明。

（二）英国高职院校"双师型"教师培养的做法

一是英国"双师型"教师培养标准明确。英国教育与培训基金组织颁布的《教师和教育培训者的专业标准》（2014）是目前英国颁布的最新职业教育师资培养专业标准。该标准主要面向职业教育领域，不区分部门、专业、阶段，是对职业教育师资的一般性标准。其要求高等职业教育教师是"双面专家"，即既是专业实践专家又是知识教授专家。此外，该标准将职业教育师资的资格证书与行业的专业标准进行连接，对职业教育从业者的专业发展和实践教学构建了明晰的参照系，是英国高等职业教育的国家标准。标准通过 11 个细分指标明确了高等职业教育教师未来如何发展自己的专业技术和技能，以保证受教育者取得最优教育。

二是英国的"双师型"教师培养资格认证系统非常完善。资格与学分框架（Qualifications and Credit Framework，QCF）曾是英国职业资格认证的主要标准，但自 2015 年起，已被新的受监管资格框架（Regulated Qualifications Framework，RQF）取代。RQF 框架共分为 11 个等级，每个等级都有细分的认证指标。为了确保框架的规范性和连续性，RQF 的级别描述与原有的 QCF 以及欧洲资格框架（European Qualifications Framework，EQF）进行了类比和对照。这种跨框架的对照有助于在欧盟内部保持职业教育标准的一致性。尽管英国已经脱欧，但 RQF 与 EQF 之间的映射和对应关系仍然有效。这是因为这些框架的设计初衷就是为了确保职业资格的可比性和透明性，以便于国际间的资格互认和职业流动。因此，RQF 框架在英国脱欧后仍然保持其与欧盟内部职业教育标准的一致性。

三是英国"双师型"教师培养体系完整。英国的职业教育师资培养机构众多，不同机构的培养层级课程开设相互区分。高等教育机构主要开设不同水平等级的教育与培训文凭和高级文凭课程，其所开设的五、六、七三个等级课程的教育机构占比均匀。非高等教育机构开设职业教育师资课程培训必须取得相应机构或者高等教育机构的授权，这种授权培养的方式便于行业企业的在岗职员取得相应师资资格，有助于"双师型"师资培养。

四是英国"双师型"教师培养注重继续教育。1999年，英国继续教育国家培训组织（Further Education National Training Organisation）正式成立，受到英国政府的大力支持。该组织在对教师的继续教育培训进行研究后，出台了《继续教育教学和学习支持国家标准（英格兰和威尔士地区）》，规定了教师在教学上需要不断地向多样化和多元性发展，以此保证教师不断发挥创新意识，达到教学水平不断更新的目的。英国的高职教师必须持证上岗，因此很多职业院校的教师都是某个行业最为优秀的一线技术人员。这些人员具备优秀的实践能力，在经过严格的考核后才能从事职业教师的工作。英国的资格及考试监管机构办公室指定相关机构制定了《培训与鉴定四级职业文凭证书》，要求职业教师必须具备相关专业四级以上的职业资格证书，并拥有其职业领域相关的三年以上的从业经验方能上岗。同时，英国政府还鼓励行业技术人员作为兼职教导员到学校举办专业的讲座，促进学校和企业的合作教育。

五是英国"双师型"教师培养采用开放式培养途径。英国师资培训主要通过在职途径进行，课程开展的主要形式是非全日制课程。另外，在入学条件上不做全国性的统一要求，各个培养机构自行规定，这就使职业教育师资培养能够实现低门槛、广覆盖。这种开放式的培养途径十分有利于高职教师"双师"素养的生成。

六是英国"双师型"教师培养注重实践能力。英国高职院校针对教师上岗前、任教中和任教后这三个阶段设计了不同模式的培养体系。英国的高职院校既有高等教育的特点，又有职业教育的特点，这让英国政府要求高职院校的教师不仅要保证其教学质量，更要具备充分的实践技术。为了保证职业教师能够更好地为英国教育发挥作用，英国政府每年都会投入大量的资金用于新入职教师的培训。除教育管理部门外，英国下属各地的行政机构也会为新入职教师提供援助和平台，如地方一些行业的专门发展组织协会根据实际需要对新入职教师做一些专业的指导和培训，并给出教师在教授内容方面的意见，这样更能够确保新入职的高职教师有充分的岗前准备和实践机会。

五、日本

（一）日本高职院校教师培养模式

日本的教师培养体系覆盖了教师从入职到退休的整个过程。其中，日本《职业能力开发促进法》的相关规定为教师参加研修提供了完善的法律支持。因此，教师参与研修既是一项权利，也是其作为教育工作者的义务。根据研修地点的不同，研修类型可以分为校内研修和校外研修。例如，新任教师必须参加校内入职培训，就职后还要定期进行校外研修，参加各种研讨会、讲座等实践培训课程。按照研修对象的入职年限可将研修划分为初任教师研修和具有 5 年、10 年、20 年经验的教师在职研修等方式；而按照教师研修形式的不同可将研修类型分为五类：分级研修、一般研修、技能和技术实践研修、专题研修以及实践派遣研修。

1. 分级研修

分级研修是指各级教师开展的研修，如新聘任或新聘任教满一定时间的教师，或新聘培训科长等领导，开展职业能力发展基础、培训工作后续、领导者需要学习的管理知识和能力研修，可分为新聘任教师研修和导师跟进培训两个种类。通过研修使新聘任教师获得必需的与职业能力发展相关的基础知识和能力。而针对入职五年左右的教师，其研修的重点则是明确设施管理的三大功能，即学生招募、培训指导及重新确认就业支持流程。

2. 一般研修

一般研修的目的是提高教师所需的工作绩效，以便准确地开展专业领域知识、技能和技能以外的多元化职业能力开发工作。接受培训后，教师将获得解决在开展多元化职业能力开发工作中出现的问题提示和必要的知识和能力。原则上，取得教师国家职业资格的教师均符合参加一般研修的条件。一般研修的内容主要包括两个方面：其一，职业所需的知识、技术和技能的指导。教授专业知识、专业技能在其他培训类别中很常见，但作为一般研修，在研修中格外注重安全和健康相关的专业培训课程的过程评估。其二，培养生活方式的生活指导。将提供咨询和心理健康相关事宜，以使学生保持良好的精神状态，避免产生心理问题，以便能够接受健康的培训。

3. 技能和技术实践研修

技能和技术实践研修是为了应对伴随产业结构等变化而产生的企业需要的职

业训练和高度的职业训练要求，需要学习专业领域相关的专业知识、技能和技术，以及在为包括专业领域和专业领域在内的复合、交叉领域有效开展训练的方法等而开设的研修课程类型。教师在开展技能和技术实践研修之前需要进行检测，了解进修听课者的真实水平，从而调整研修难易程度，使之与学员的水平相匹配。在研修的最后一天要对研修者进行"习得水平确认"，确认学员对所学技能和技术的理解水平和习得水平，并进行讨论，使之能将研修成果有效地应用于之后的职业训练中，做到学以致用。

4. 专题研修

专题研修是为获得与培训主管部门相关的专业知识和技能，或拓展自己的工作领域，自行设定培训主题，提前与培训课程的学术顾问、指导教授等协商和调整培训内容，并在学术顾问、指导教授等的指导下进行自主研修。专题研修的主题根据研修者与指导教授等的事前协商、调整来决定，同时研修机构提供不同主题的研修事例供研修者参考，可以从中选择。专题研修共有两种实施方式（C 型、S 型），研修者可根据自身需求进行选择。C 型方式是一种整个研修期间都在研修机构进行的连续研修的方式。考虑到专题内容和目标，该训练时长设置在四周到十一周的范围内。研修者可以自愿选择在上半年或下半年实施研修。S 型方式是一种在指导教授的指导下于研修初期、中期和结束时参加为期一周的实地研修的方式，其余时间可以根据自身情况自愿在所属工作机构中进行自主研修。

5. 实践派遣研修

参加实践派遣研修的教师将被派遣到企业、研究所、大学等培训机构（简称"培训机构"）实施研修。为了应对多样化、高度化的职业能力开发需求，在向企业等派遣的情况下，以学习符合产业界实际情况的技术、技能及领导力为目标；在派遣到研究所、大学等的情况下，以掌握专业性且高难度的实践技术等为目标。实践派遣研修的实施方法分为 C 型方式和 S 型方式，研修者可以自行选择研修方式。C 型方式是一种整个研修期间持续在研修机构进行研修的方式。S 型方式是一种在特定研修期内间歇性地在研修机构进行研修的方式，将实际研修天数（节假日、休息日等除外）设定在三十天以上一百天以内，并结合实践派遣研修方式 a、b、c 计划。a 计划是除了每周在研修机构进行几次研修，研修者还应在所属工作机构进行自主研修。b 计划是在研修的前期、中期及后期，研修者在研修机构进行为期两周以上四周以内的研修,同时其余时间在所属工作机构进行自主研修。c计划是研修人员在研修机构进行两次或三次一个月以上三个月内的研修,其余时间自愿在所属工作机构实施自主研修。研修人员需要在a、b、c计划中选择一种方式进行研修。需要注意的是,对于选择a计划或c计划的研修人员,研修机构不提供宿舍,需要自行解决住宿问题,从所属研修机构选择一个可每日往返的住宿地点。实践派遣研修的具体研修时间和次数由研修者、研修机构及职业能力开发学校三方结合研修机构的规定来决定。每年参加实践派遣研修C型和S型方式的研修名额总共十人,参加实践派遣研修的教师需要在研修中期及结束时分别向研修机构提交两次"研修报告"。

(二)日本高职师资职前核心素养的培养

日本高职师资培养了大量高质量技术人才,对日本经济的崛起和飞速发展起着至关重要的作用。师资培养的课程体系设置广泛,强化通识性课程的设置,合理分布专业理论和实践课程,注重培养终身学习的能力。

1. 多元化的高职师资职前培养模式

日本高职师资一般是在工科院校毕业,取得学士学位后,再到师范院校、教育和高等职业教育类单位进行教育理论学习、生产实习、教育实习,经考试合格后才能获得任教资格。一般在综合类大学技术师范学院完成四到五年的相关培训,或在技术大学教育学院完成规定课程、教育实习,并通过国家考试才能获得高职师资资格。根据办学主体进行划分,日本具有多元化的办学模式:职业能力开发大学进行高职师资培养的学校独立模式;企业自行招收高中毕业生的企业独立模式;依据产业需求,整合产业、政府、行业和学校多方资源,全方位培养高职师资的产学结合的综合培养模式。

2. 构建宽基础的课程体系

日本高职师资课程体系设置广泛,凸显宽基础和通识性,理论课程和实践课程分布合理,为优质教师培养打下扎实的基础。日本注重理论课程和实践课程的合理分布,突出师范生专业实践能力的培养。课程设置充分体现实践性、技术性等特点,在传授理论知识的同时,保证师范生接受充实的专业实践实训,重视专业实践能力的培养。大量专业实践实训课程给师范生提供了实践机会,通过企业实习强化了师范生在真实环境中的工作实践能力。日本的高职师资培养课程体系凸显宽基础的特点,强化通识性课程设置,为高职师资的广阔视野、职业发展更新能力、灵活适应能力等奠定基础。随着产业转型不断升级、知识更新速度加快，高职师资需具备多领域的知识基础和能力，才能够适应未来复杂性、多变性、综合性的教学环境。因此，为积极应对时代发展、适应产业变革的动态性和灵活性，日本的高职教育逐渐注重并增加基础性和通识性的课程，设置了人文、社会、自然等多种课程，同时侧重培养高职师资广阔的视野和可转移技能。课程体系设置范围广泛，强调高职师资综合素养的培养。培养课程包括基础课程、专业课程和师范课程，三类课程分配合理并相互交叉渗透，兼顾了职业性、师范性和学术性多重特点，确保复合性、综合性的高职师资培养。

3. 师资培养的终身化

日本强调高职师资综合素质的持续更新和终身发展。高职师资法律制度保障凸显动态性和终身性。教师培养相关法律对接产业发展需求进行动态调整，注重教师的终身学习，为师资持续发展提供制度保障。日本《教育公务员特例法》要求教师必须不断努力进行研究和提高修养，促进自身的业务进步和能力更新。构建多层级资格证书体系，拓展高职师资专业发展空间，促进教师终身教育发展。从学历角度划分，日本高职师资资格证书分为"一种"证书和"专修"证书。获得学士学位颁发"一种"证书，通过研究院进修获得硕士学位颁发"专修"证书。从 2006 年起，每隔 10 年对高职师资任职资格进行重新考评，以此提高教师专业水平，促进教师终身发展。为适应终身职业能力开发体制下高职师资工作要求的复杂化、多元化，精准对接产业调整和技术革新，高职师资培育课程新增基础课程和公共课程，形成了逐步推进、阶梯上升的课程结构，确保高职师资夯实专业领域知识技术基础。基于终身教育理念，日本注重高职师资现代化知识内容的掌握，包括信息技术课程，鼓励教师不断更新教学技能，把握先进的教学手段等。

4. 完善的管理体系

健全的教师管理制度是日本建立高素质"双师型"教师队伍的基础保障。其教育管理体系可分为外部管理体系和内部管理体系。外部管理体系是指以教育主管部门为中心，对教育机构进行指导和监督的政府管理体系。内部管理体系由教育机构的内部管理机构构成。随着日本职业教育规模和组织复杂性的扩大，职业教育的外部和内部管理机构的规模也在逐步扩大，管理业务也在逐步细分和专业化。日本职业院校教师的管理在各个方面都是相对公平和严格的，如在招聘教师、培训工作人员时，首先利用互联网、电视、广播等媒介宣传，再收集并公布申请人数、登记条件、申请过程等信息。有意愿且符合要求的考生来参加考试，考试合格后，还必须通过抽选考试，抽选合格者再由教育主任任命。通过这个严格透明的程序，极大地降低了暗箱操作的可能性。此外，日本职业教育教师属于公务员，社会地位极高，行业具有一定的吸引力。在教师评价方面，首先会告诉被评价者相关评价的原则和方法。评价结果出来后，教师有权让评价方公开最终的评价结果。在教师流动性方面，为了保证轮换的公平性，流动对象不仅包括教师，还包括校长等管理阶层人员。在一所学校任教满六年的，必须轮流到其他学校任教。日本的职业教育教师在薪酬方面是高于公务员标准的。日本对职业教育教师的管理严格，但福利待遇也非常具有吸引力。除设立教育行业津贴外，还有偏僻地区教师津贴、避寒津贴、避暑津贴及交通津贴等一系列特殊津贴。日本是市场经济社会，认为工资是个人的社会价值及自身价值的体现，政府多次对教师工资体系进行改革，确保教师的付出与回报相匹配。通过以上对教师的管理，日本的职业教育教师队伍才得以均衡发展，并具有可持续性，工作岗位服从教育主管部门的统一安排和管理。

5. 注重产教融合

第二次世界大战后，伴随着日本经济社会的迅猛发展，产教融合合作培养模式在政府的支持下逐步扩大规模。产教融合合作培养模式的参与者主要由政府、高校和企业三方构成，三方紧密结合，共同推进产教融合。

6. 独特的评估制度

日本在职教师的培训课程兼具理论性及实践性。理论课程围绕教师工作实践推进，如如何设计一个理论和实践充分结合的课程计划。而且理论课程培训不限于大学或课堂内部。例如，日本冈山大学职业训练的课程设计就很好地体现出这一特征，其以学生自主学习和自我定位为目标，建立了新的课程和评价体系，新制度将学生的必须学习转变为主动的探索性学习，将学生努力通过教师资格考试转变为以提高学生终身学习能力为动机。其课程设计与评估的初衷是促进培养一批具有高水准实践能力、高水平指导能力、多方面管理能力、高效率合作能力且具有终身学习能力的高素质教师。在激发学生对教师职业的热爱与提高教育技术水平的同时，引导学生发现新的目标，提高终身学习能力。让学生在学习理论知识、实践操作与解决问题过程中交叉运用理论和实践知识，继而引导学生参与适合个人发展的教育实践。

第二节 国外高职院校"双师型"教师队伍建设对我国的启示

一、国外的经验借鉴

我国高职院校"双师型"教师专业发展制度正处于探索和完善阶段，在多个方面仍存在着问题。借鉴国外相关成功经验，对我们大有益处。

（一）国外高职院校教师管理对我国的启示

1. 美国高职院校教师专业发展制度的启示

第一，推动高职师资结构的多样化。与普通教育相比，高等职业教育最大的特色就是侧重于教师的工作经验与技能。行业岗位的多样性与职业教师队伍结构的多样性之间具有密切的关系。美国职业教师队伍结构的一个显著特点就是多样性，最为典型的体现便是其从社会各个领域吸收专业人才来充实高职院校师资队伍的做法，这不仅壮大了高职院校师资队伍，也客观上提升了教师整体的综合素质。推动教师结构的多样化，需要充分发挥社会招聘的重要作用，并将其作为发展高等职业教育教师制度的一项重要内容。

第二，聘用标准的科学化。美国高职师资聘用标准十分科学，不仅注重求职者的学历，更加注重求职者的工作经验，并且根据求职者的学位不同，工作经验年限要求也不相同。对工作经验的重视使美国高等职业教育教师大都拥有良好的实践能力，能够胜任学生实践指导工作。

第三，师资培训的常态化。促进"双师型"教师发展的一项重要内容就是师资培训，作为"双师型"教师，其综合素质需要比普通教师高，因此，非常有必要加强对"双师型"教师的培训。美国高职院校教师专业发展制度对我国来说，同样具有很大的启示。一方面，美国培训"双师型"教师制度具有系统性的特点，以俄亥俄州为例，师资培训分为六个学期，教师必须获得十八个继续教育学分，培训周期长达三年。另一方面，美国高等职业教育教师培训具有终身性的特点，教师的资格证书需要不断更新。师资培训的常态化使美国高等职业教育教师的专业能力和教学能力处于动态化的发展中，这在很大程度上保证了专业教育的时代性，使高职院校学生毕业后能够最大程度上满足社会岗位工作的需求。对此，我国应该创新师资培训形式，推动高职师资培训从单纯的岗前培训向更为系统综合的常态化培训转变。

2.德国高职院校教师专业发展制度的启示

德国高等职业教育教师专业发展制度依托于"双元制"高等职业教育，重在提升高等职业教育教师专业素质，提高高等职业教育整体质量，这对德国经济的发展起到了良好的助力作用。德国高职院校教师专业发展制度的构建对我国的启示主要表现为以下三个方面。

第一，重视法制建设。作为大陆法系国家，德国高度重视高等职业教育的法制建设。第二次世界大战后，为了促进高等职业教育和培训的发展，德国通过了《联邦职业教育法》《联邦职业教育促进法》等重要法律。德国在职业培训发展中采用的"双元制"是以完善的法治社会为基础的，高等职业教育制度也是以职业培训法律法规为基础的。这对如今我国高职院校构建"双师型"教师专业发展制度具有很好的启示作用。我国需要吸收借鉴德国以法促教的经验，不断完善高等职业教育法律法规，为"双师型"教师专业发展保驾护航。

第二，重视教师实践能力的培养。在德国"双元制"高等职业教育中，实践教学占据着核心地位。从课时分配的角度而言，实践教学占据70%的课时，理论教学占据30%的课时，这为学生实践能力的发展以及专业素养的提升夯实了基础。从教学方法来看，教师将实践活动融入课程教学的各个环节，实施模块化教学法、项目教学法等教学方法，为学生提供了丰富的实训条件。模块化教学法最早由国际劳工组织于20世纪70年代提出，是一种旨在提升劳动者素质的新型技能培训模式。模块化教学法以技能训练为核心内容，注重理论与实践的结合。主体性是模块化教学法最基本的特征。在模块化教学法中，学生是学习的主人，教师从传统的教师转变为学生的学习导师、促进者和监护人，这种教育方法使学生占据学习的中心地位。同时，与德国的职业培训体系类似，我国必须重视培养教师的实践能力。这也是"双师型"教师必须具备的一项基本能力。我国要借鉴德国以实践教学能力为中心的高等职业教育教师专业发展制度的经验，优化高等职业教育教师培训方式。

第三，重视校企合作。"双元制"高等职业教育是一种多主体教育形式，企业在"双元制"高等职业教育中扮演着重要的角色。德国高职院校与企业间的关系较为密切，无论在合作的层次上，还是在合作的内容上，均极具国家特色。可以说，企业的深度参与是"双师型"教师专业发展过程中非常关键的一个环节，为德国高等职业教育的发展提供了巨大的保障。我国高职院校在构建"双师型"教师专业发展制度时，也需要对校企合作给予足够的重视，发挥好企业在教师专业发展中的作用，通过广泛的企业实践，增强教师的实践能力。政府在德国高等职业教育和企业之间的合作中发挥着重要作用。企业和职业院校合作可以改善高等职业教育的质量，使高等职业教育院校培养出的人才能更好地满足雇主的需求。而且，政府必须充当调解人，减少有关学校和企业合作的阻碍，并降低学校和企业的相关成本，如建立区域科研成果转化平台，通过共建共享机制，提供包括项目服务、技术评估服务和培训服务在内的一站式服务。

3. 澳大利亚高职院校教师专业发展制度的启示

澳大利亚发展高职教师的制度对当前我国高职院校的教师队伍建设具有很好的启示。"双师型"教师的资格准入、培训方式以及教师管理三个维度都应该积极地借鉴澳大利亚的经验。

首先，就资格准入而言，澳大利亚将高等职业教育作为职业技能型人才培养的主要路径，将高等职业教育教师作为高等职业教育发展的关键因素，从多个维度设置了高等职业教育教师准入机制。有志于成为高等职业教育教师的人，不仅需要接受系统完善的高等教育，同时也需要在相关领域具有一定的资格认证证书，以此确保"双师型"教师整体的综合素质。

其次，就培训方式而言，澳大利亚不仅重视学校教育在高等职业教育教师培养中的作用，更形成了多元化的职后教育手段，如上岗培养、企业培养等。上岗培养主要针对新入职的教师，以学校组织的各种会谈、讲座以及课堂教学观摩活动为主要方式，主要培养新入职教师的教学能力。新入职教师在经过上岗培养后，要参加学校组织的考核，只有在考核过关的情况下才能获得教师资格证书。企业培养是为了更好地提升教师的教学能力，澳大利亚高职院校会定期组织教师到企业观摩、实习。我国高等职业教育教师职后再教育可以大量吸收借鉴澳大利亚的经验。

最后，就教师管理而言，澳大利亚高等职业教育教师的构成包括两个群体，一是高职院校专业教师，二是企业的兼职教师。针对不同类型的高等职业教育教师，澳大利亚形成了差异化的管理方式。高职院校专业教师的管理以行政管理为主，并形成了具有澳大利亚特色的专业教育教师激励机制。企业兼职教师由学校和企业联合管理，主要目的是提升兼职教师的教学积极性。随着校企合作的不断深入，我国高职院校兼职教师数量也在增加。对于兼职教师的管理，我们同样可以吸收借鉴澳大利亚的经验，以实现高职"双师型"教师管理能力的提高。

4.英国高职院校教师专业发展模式的启示

第一，注重整体专业能力构建，促进"三段融合"培养。高职教师的素质构成相比普通教师更为复杂，建设一支稳定高水准的高职师资队伍，找准培养目标定位是首要保证。高职教师的培养需要集师范性、教育性、技术性于一体。然而在实际培养过程中，我国高职院校引进的大部分专任教师（硕士以上学历）大多毕业于理工类大学或师范类院校，受"学术化"培养倾向影响深刻，一线岗位历练经验不足，专业理论水平与实践教学能力存在一定程度的失衡。相对而言，英国较早意识到促进职业教育师资整体能力的提升是推动职业教育整体发展的关键，在明确"双重专业化"培养目标的前提下，建立了"三段融合"的培养模式，把教师的职前教育、入职培训和在职进修的三个重要阶段有机联系起来，构建了极具英国特色的师资培养模式，充分体现了教师专业化发展理论、终身教育思想在职业教育师资培养实践中的作用。职前教育阶段，通过在高等教育学院和继续教育学院学习使教师系统掌握专业理论知识并取得教师资格。入职培训阶段，帮助新教师顺利适应职业角色并提升教师的专业实践能力，对高职教师的岗位胜任力再次进行考察。在职进修阶段，基于教师多样化的专业发展需求，提供多样化的职后培训途径，不断更新教师的专业知识结构，深化"双重专业化"能力。

英国社会历来认可并重视职业教育，注重专业学习过程中实践能力的螺旋式发展，通过充分整合实习院校和企业的资源对教师进行联合培养，不断推进教师整体专业能力的构建。此外，在正式确立入职培训制度前，英国高职院校的师资培养体系与我国当前的师资培养体系具有相似性，因而能够为我国高职院校"双师型"教师培养的转型提供有益借鉴。我们应充分吸收英国"三段融合"培养的大量实践经验，将教师培养的"三阶段"有机联系起来，促进教师整体素质、教学水平和实践能力的均衡发展。

第二，重视入职培训制度建设，明确相关主体职责。英国新教师入职培训制度的建立，标志着入职培训被引入职业教育教师培养过程中，正式成为职业教育教师培养模式的一部分，使入职培训处于与职前培养和教师在职进修同等重要的地位，师资培养与教学水平提高真正成为一个连续不断的过程。英国成熟的入职培训制度为我国高职教师入职培训提供了有益的借鉴。首先，我们应建立系统化、规范化的入职培训制度,明确相关主体的职责,提升培训质量。其次,我们应建立科学的考评体系,使入职培训贯穿教师职业发展的各个阶段,从而促进教师的持续成长。

英国十分注重教师专业成长的连续性,在践行终身教育理念的基础上,将入职培训与职前教育、在职进修两个阶段独立开来,并从法律层面确立新教师入职培训制度,反映出对于教师专业一体化发展的重视。英国完善的考核评价机制已经成为教师入职培训的一项显著特色,强调合理划分培训相关主体的具体权责,以避免发生互相推诿的现象。显然,英国针对高职院校新教师的入职培训工作已经形成了一套较完备的制度体系,将入职培训制度引入高职教师培养过程中,建立新教师入职培训的相关制度和规范,成为高职教师教育的一项重要内容。因此,英国在新教师入职培训过程中取得的大量实践经验,能够为健全我国高职教师的入职培训制度,并保证新教师在入职期间得到切实的专业提升提供积极的启示借鉴。

5. 日本高职院校教师管理体系的启示

日本非常重视对公共职业训练的管理,从国家到地方都实行集权化,将职业训练指导员的培养与研修逐步落实、层层递进。不仅设有专业的职业训练指导员培养和进修的高等教育机构,而且建立了一套独特的职业训练组织机构体系,为职业训练指导员参与在职研修提供了良好的保证。此外,日本在开展高职院校教师研修的过程中同样重视与行业、企业的紧密联系,使职业训练指导员研修内容能够结合实际,适应社会和经济发展的需求,避免了教育资源的浪费。

目前,我国需要尽快完善高等职业教育"双师型"教师在职培训立法,鼓励行业协会、企业等社会团体积极参与,促进产学研深度融合,打造多元互补的"双师型"教师培训机构网络,共同提供"双师型"教师培训服务,促进"双师型"教师培训质量的提升。借鉴日本职业训练指导员研修体系的经验,我国"双师型"教师培训体系应在纵向上构建层次分明、权责清晰,横向上各主体联系紧密、协调共赢的培训组织网络。

第一,我国高等职业教育"双师型"教师在职培训体系在纵向上划分为国家级、省(区、市)及校本培训三个层级,而在横向上则由政府、高职院校、行业企业等培训主体构成。结合当前高职院校、行业企业对"双师型"教师的发展需求,我国高等职业教育应加强校企合作,不断完善教师培训计划,丰富培训项目,打通"双师型"教师队伍学历层次提升的途径,从而打造一支高质量的高等职业教育"双师型"教师队伍。一方面，地方教师培训机构要及时将年度培训计划以及教师培训需求信息传达给国家级培训机构，便于国家层面统筹安排，提前做好当年全国高等职业教育"双师型"教师培训的总体年度规划。另一方面，国家级教师培训机构应该全面整合各层级"双师型"教师培训资源，从全局性的战略视角对各层级培训项目进行审核，避免出现培训项目重复、项目质量不高等情况，促进培训资源利用率最大化，使训练目标和训练内容保持一致。

第二，从校企融合角度看，我国应构建高职院校与行业企业的"双向交流与协作"模式。高职院校通过将高水平"双师型"教师输送到企业，为企业培养创新型技术人才、提高企业的软实力和市场竞争力。而企业则从高职院校人才与智力输出中获益，并为高职院校教师培训提供新型实训基地、设施设备、最新技术指导等软硬件资源，以支持高等职业教育"双师型"教师培训工作。例如，在培训内容上，企业要尽可能详细地为教师讲解行业的前沿技术，而非敷衍了事，可以通过"一对一"结对帮扶模式，参与培训的教师与企业技术指导人员结对帮扶，教师为技术人员提供科研、智力支持，而技术人员则对行业技术进行深入讲解，形成长效合作机制。同时，在校企合作中要充分保证教师在企业培训的时间，为教师提供真实的企业实习机会，使他们能真正地投身于企业一线岗位实训，并在实际操作中解决各种技术难题，从而提高自己的专业实践能力，提升校企合作成效。对于表现突出、配合良好的公司，高等职业教育集团应发挥其职能，与各合作机构共同为促进行业发展、维护校企合作秩序的优秀企业提供一定的奖励和政策优惠，保障校企融合长久有效。

（二）国外高职院校"双师型"教师培养对我国的启示

1.美国高职院校"双师型"教师培养的启示

（1）高职师资管理上的"二元制"

美国在高职师资培养和管理上采取分权管理模式，是政府管理与专业组织管理相结合的"二元制"管理模式。在职业教师师资标准、评审与认定程序上，通过立法授权州一级政府进行管理，而对高职教师师资培养的专业标准、课程设置、实践认证等内容由专业组织进行管理。这两类管理组织在并行管理的同时相互融合、相互借鉴，为美国"双师型"师资的培养提供了管理体制保障。这启发我们在我国高职教师"双师型"师资培养中应该重视构建合理的管理模式。

（2）师资培养模式上的"二元制"

在美国高等职业教育发展的长期历程中，高职师资的培养模式逐渐形成了职前培养的"传统模式"和职后培养的"替代模式"这种"二元制"师资培养模式。这为高等职业教育"双师型"师资的生成提供了不竭的动力，使得高等职业教育的类型特征更加突出。

（3）师资培养在专业标准上的"二元性"

美国的职业教育师资标准体现出广度上的普适性和专业方向上的灵活性特征。这些特征可以从不同管理主体制定的专业标准上体现出来。一般州政府部门制定的专业标准主要对应教师资格标准，这类标准具有广适性和普遍性，是教师的通行标准，不局限于高等职业教育；而专业组织制定的标准则具有较强的灵活性，既包含新教师认证层级也包括优秀教师的确认。

2.德国高职院校"双师型"教师培养的启示

德国职业教育师资培养途径是理论与实践相结合的双阶段制。在课程设置上充分考虑了高等职业教育的特性，把专业的学术性、实践教学的示范性和职业性相融合。德国高职院校"双师型"教师培养对我国的启示主要表现在以下四个方面。

（1）政府在高职师资培养中应居于主导地位

德国政府在高职师资培养中居于主导地位，发挥主要作用，这主要体现在德国对高职教师的资格认证制度上。由德国各州文化部长联席会议提出的职业教育师资培养的典型模式，确立了职业教育师资培养的法律地位。政府通过国家干预的方式加强了高职教师的培养力度，为高职教师的职业地位提供了保证。这种全国性教师资格认证制度的建立，使教师资格认证制度得到规范，全面提高了德国高职师资的质量，有利于促进高等职业教育工作的横向比较与交流，并在很大程度上促进了高职师资专业化的形成。

（2）培养路径选择直接影响高职师资质量

德国高职教师资培养的路径较为独特。通过增设职前培养阶段，把"双师型"的师资需求分解为理论培养和实践培养两个阶段，并在每个阶段设置相应的阶段学习统一考试，只有通过考试才能取得职业教育教师资格。这就从职业教育师资生成机制和路径上保证了德国高职师资的"双师"标准。这一做法值得我们在"双师型"教师培养路径方面加以借鉴。

（3）综合职业能力观的专业标准有助于"双师型"师资培养

德国高职师资专业标准要求非常高。这一点尤其体现在对职业教育师资的能力要求上，标准要求未来教师应在教学、评价、创新和教化四个维度上具备总共十二项能力。在教学上，教师应该是教与学的专家，能够对学习主体进行客观公允的评价，这些评价有助于学习主体进一步提升自己的学业水平；在创新方面，教师应该具有一定的专业创新能力以及教育教学方法上的创新能力；在教化方面，教师能够合理有效地管理学生，履行其教化职责做到立德树人。四个维度上的能力要求都有与之对应的细化指标，这样严格的专业标准是德国高职师资维持较高水平的有力保障。由此可见，良好的专业标准对于高职师资培养意义重大。

（4）严格的教师资格认证制度十分必要

严谨是德国人普遍具有的属性，这也同样体现在其职业教育师资的认证制度上。德国职业教育师资认证制度的完善，是德国高等职业教育专业化的标志。没有取得职业教育师资认证，就不具备职业教师资格。德国优良的职业教育师资队伍正是源于这样严格的职业教育资格认证制度。德国职业教育师资认证的程序和要求繁多，认证标准严格、全面，对教师的文凭、证书、素养和能力都提出了严格的要求，并且这些认证内容随着时代的发展而不断变化。

3.澳大利亚高职院校"双师型"教师培养的启示

（1）建设"双师型"教师队伍，强化教师实践能力

教师队伍建设是发展职业教育的基础性工作，是推动新时代职业教育改革的核心力量。近年来，我国充分认识到了职业教师专业实践能力的重要性，并在《国家职业教育改革实施方案》中提出"从 2019 年起，职业院校、应用型本科高校相关专业教师原则上从具有三年以上企业工作经历并具有高职以上学历的人员中公开招聘……2020 年起基本不再从应届毕业生中招聘""职业院校、应用型本科高校教师每年至少一个月在企业或实训基地实训，落实教师五年一周期的全员轮训制度"的要求。要达到上述目标，我国高职院校就应积极推动建设"双师型"职业教育的师资队伍，可以参考澳大利亚 TAFE 的专兼结合的师资队伍建设经验，学习 TAFE 教师在职培训机制，发展一批来自企业的兼职教师，注重在职教师的继续学习与行业对接工作，主要应做好以下三个方面的工作：

一是积极建设兼职教师队伍，拓宽教师来源渠道。高职院校可以面向社会招聘行业专业人才担任实训教师，为学生专业技术实践课程提供指导，也能主动邀请行业领先人才到校兼职，为院校专业教学工作提供建议，逐步建立以高技能的专业教师为核心的教师队伍。在专任教师的招聘中也该注重专业工作经验，改变以学历为核心的人才引进机制。

二是完善教师培训工作，及时更新行业动态。为了提高专业教师的行业实践经验，高职院校的专任教师要深入行业进行实际工作调研，同时高职院校应鼓励高职教师做到产学研结合，积极参与行业的技术研发与革新，利用已有知识创造出真正的技术成果，在实践中培养及提高教师的专业技能。校企双方应建立普通高职教师与行业技师之间学习交流的平台，并鼓励高职院校在职教师定期到企业进修学习，使他们及时了解到目前行业领域的技术进步与发展前景，使之在教学中不断做出改进，同时还能利用进修的机会向行业专家请教一些在日常实践教学中遇到的实际问题。

三是健全"双师型"教师考评机制，促进教师良性竞争。教师的考评应与奖金挂钩，在重视教师学术成果产出的同时，鼓励在职教师积极参加国家组织的职业技能资格考试，取得更高级别的专业技能证书。

（2）教学坚持能力本位导向，注重学生的长远发展

澳大利亚国民对能力的精神追求、TAFE 以人为本的教风和学生"因热爱而自觉"的自我提升价值观共同构建了 TAFE 良好的社会氛围、教风与学风。良好的氛围成为 TAFE 发展的强大助力。能力本位的精神引导体现在 TAFE 教学的各个环节，造就了 TAFE 高质量的人才培养体系。TAFE 在注重能力培养的同时也积极与大学进行对接，借助国家统一的资格认证体系，TAFE 实现了与大学课程联通，与大学学分互换，这也打通了职业教育升学路径，满足了部分学生升学的需求。TAFE 很好地将职业教育与终身教育相结合，正确处理了职校学生短期学习与终身学习的关系。我国高职院校应借鉴澳大利亚 TAFE 能力导向、以人为本的教学观念，在人才培养实践中做好以下三个方面的工作：

一是在教学中以能力发展为导向，增大实践课的数量，重视校内实训场地的建设，实训楼的规划应尽可能接近普通授课的教室，方便学生在学习完理论之后尽快结合实践，实现理论与实操相结合，同时给学生提供更多的动手机会，提高学生的实践能力。

二是在加强实践培养的同时，教师应注重引导学生自觉追求能力发展的价值观念，激发学生学习的积极性，提高人才培养质量与效率。

三是高职院校要积极与更高层级的教育院校对接，完善学分互换机制，为人才提供自我发展的平台。

（3）吸引企业参与办学，形成产学结合的人才培养模式

我国《国家职业教育改革实施方案》提出，职业教育专业设置必须与产业需求对接、教学过程与生产过程对接，职业院校应主动与具备条件的企业在人才培

养方面开展合作。澳大利亚 TAFE 实现了深度校企合作，形成了与企业互惠互利、资源共享的合作模式。我国的高职院校及企业应借鉴 TAFE 校企合作的教学模式，着力做好以下三个方面的工作，也能很好地解决上述问题：

一是高职院校要积极关注行业动态，在教学条件允许的情况下，设置的专业要尽可能满足行业市场需求，增强对企业的吸引力，争取与企业达成合作协议，直接培养对口岗位的人才。学院为企业提供培训基地，企业为学院提供生源与资金，企业人才水平提高为企业带来更多效益，学院也能得到稳定的生源和资金。

二是在达成校企合作协议后，要充分利用企业可提供的资源，利用真实的岗位、最新的实验设备仪器，使学生能够快速适应实际工作的环境，掌握最新的设备使用方法。

三是企业要为学院提供实训师资，一线的技术人员可以指导学生进行实训，还能协助进行学生考核工作、参与教学质量评价环节，落实职业教育与行业对接的最后一环。

4. 英国高职院校"双师型"教师培养的启示

一是完善高职师资培养的资格认定与培训制度。政府、高校、企业、行业协会和社会培训与评价组织通过多元协同形成较为完善的高职师资培养体系。高职师资培养制度的完善要从产业行业需求出发，把立德树人的教育使命融入高职师资培养体系。各地区根据行业产业的需要，在政府牵头下组建高职师资培养体系，完善培养制度，要根据高等职业教育的特点，适时对教师专业标准和资格标准进行修订。

二是产教融合互利共赢。产业行业与高职院校在职业教师培养上能够进行利益协同，实现产教融合。行业企业的技术业务骨干可以到高等职业教育部门从事兼职教学工作，这对高等职业教育院校提升实践教学能力大有裨益。参考英国高等职业教育的经验，需要我们在高职师资的"双师型"培养上加快完善职业院校教师的实习和培训制度，把建立在企业的教师实习基地提升为教师和企业技术骨干的交流平台和比武的擂台，为高职师资提供真实的实训场所，真正使教师通过参与企业的生产实践给企业和自身带来双赢的效果。

三是构建科学的教学体系。从课程内容着手改善高职课程体系，把专业课与实践课与行业需求对接，把智育、德育和劳动教育的理念高效融入专业教育，形成内涵丰富、内容充实的高职课程体系。教师教学方面，在教学实施过程的前中后期通过整合教学资源、教学方法和教学形式提高教学过程的吸引力。在教学管理上，引入行业企业的实际操作管理方法，提高教学的真实感，做到"教中学"和"做中学"。

5. 日本高职院校"双师型"教师培养的启示

日本职业训练指导员研修体系在近半个世纪的发展过程中历经了由初建、变革、发展再到完善的过程，对日本公共职业训练的发展起到了巨大的推动作用，为日本社会经济的快速发展提供了强大动力。

21世纪以来，日本职业训练指导员研修体系建设以专业发展为目标导向，多元研修主体层级分明，协同推进研修体系运行与发展，构建了内容丰富、形式多样的研修课程结构，以及质量管理与民主化评价体系并举的制度保障。值得我国学习借鉴之处主要表现在以下三个方面：

（1）完善高职"双师型"教师在职培训立法

日本的公共职业训练具有中央集权的特征，其整体的职业训练体系都在中央政府的管控下进行。制度的建立为职业训练指导员研修构筑了坚实的法律保障。自1985年《职业能力开发促进法》出台后，日本每年根据公共职业训练发展情况对法案内容进行修订及补充。鉴于此，无论是从践行依法治教的角度，还是基于"双师型"教师培训质量提升的考虑，我国高等职业教育"双师型"教师专业能力标准及资格认定等相关内容必须通过法律、法规的手段进行规范。将高等职业教育"双师型"教师在职培训制度按照专业能力标准、运行程序、管理手段等方面纳入相关法律保障，为高等职业教育"双师型"教师队伍在职培训的可持续发展奠定坚实的法律基础。

高等职业教育是一种类型教育，我国在制定和修改高等职业教育相关法律政策时，应充分反映高等职业教育的办学特点，而不能以普通教师培训的标准来指导高等职业教育"双师型"教师在职培训。因此，可以在《职业教育法》的修改方案中，将"双师型"教师的资格认定制度进行有效规范，并根据高等职业教育的发展需要，制定"双师型"教师管理规定，严格把关高等职业教育"双师型"师资质量，保障"双师型"教师队伍的基本素质。同时通过修订《职业教育法》《中华人民共和国教师法》《中华人民共和国教师资格条例》等法律法规对职业教育"双师型"教师的法律地位、主体责任、培训标准、培训考核程序等内容进行规范，促进高等职业教育"双师型"教师在职培训制度化，从而为"双师型"教师的在职培训提供科学、准确的政策依据。此外，虽然法律的稳定性、威严性要求法律条文不能朝令夕改，但这在一定程度上导致法律政策存在滞后性。由于高等职业教育区别于普通教育的特殊性，高等职业教育的发展涉及多个行业、多个部门，其专业技术的不断更新必然要求高等职业教育立法具有一定的动态性和活力。在这一方面，我国可以借鉴日本职业训练立法的经验。自 1985 年日本出台《职业能力开发促进法》起，之后每年会根据公共职业训练发展情况，在该法的基础上对法案内容进行修订及补充。因此，根据日本的经验，我国可以通过立法来明确《职业教育法》的具体条款，或针对某一特点问题制定专门的职业教育法律，来解决我国职业教育立法滞后的问题。另外，日本在制定职业训练相关法律条例时，把国家层面的《职业能力开发促进法》和地方颁布的相关实施条例相结合，既保障了政府的主导地位，而且也能够展现各都道府县的地方特色。基于此，我国在进行职业教育立法时，应该注重国家和地方立法的协调配合。国家层面主要体现对"双师型"教师培训整体发展方向的把控，地方教育主管部门以国家职业教育教师立法内容为依据，结合当地高等职业教育教师在职培训的发展实际情况探索并制定具有本土化特色的"双师型"教师培训的具体实施条例，在国家层面高等职业教育"双师型"教师培训立法的指导下结合地方需求及地方高等职业教育发展实际情况落实"双师型"教师在职培训制度，从而增强立法的实效性和可操作性。

（2）革新"双师型"教师培训理念

从日本职业训练指导员研修的目标及理念中可以看出，日本将职业训练指导员定义为既具有教育指导能力又拥有较强专业知识与技能的人才，能够敏锐地感知社会需求并形成终身学习的思想且乐于从事职业训练指导的人。因此，日本的职业训练指导员研修课程设置中，重点强调了两个方面：一是专业理论和技术，二是教育教学理论，使职业训练指导员的教育指导能力与专业技能水平同步提升。"双师型"教师是所有从事高等职业教育教师专业发展的目标，树立教师专业发展理念，不仅有利于教师个人专业发展，对于我国高等职业教育教师队伍建设同样影响深远。

高职院校应注重创新培训思维，转变培训理念，改革培训模式，不断优化和革新高等职业教育"双师型"教师培训途径。以"双师型"教师专业发展为目标，尊重教师的个性化特点，关注社会发展，紧密结合行业企业的需求，不断提高教师的教育指导能力和专业实践能力。从促进教师自身发展的需要出发，增强对教师职业生涯规划的重视并关注教师的心理健康状态，使其融入"双师型"教师的在职培训系统中，增强"双师型"教师的职业认同感，提升其专业素养，推动高职院校"双师型"教师队伍的发展与壮大。

（3）完善"双师型"教师技能培训制度

日本提倡终身教育理念，对国民学习思维进行引导，将"国际化"作为未来学习与发展的目标，积极引导未来日本社会的发展。我国迫切需要建立适合终身教育发展的现代职业教育体系，将终身学习与终身职业技能培训作为国家提升人力资源的方式。我国也可以考虑引入 ISO 29990 国际职业教育管理质量标准，将该国际认证标准作为职业教育管理质量的参考标准，规范公共培训机构、职业院校、职业技能培训机构和企业培训的工作。学习并践行国际终身职业培养的相关约定与规则，借鉴发达国家对终身教育理念的宣传方式与方法，鼓励政府、院校与企业积极进行终身教育相关的国际交流。积极引进国际培训研究者、终身培训指导者等专业人才，保障我国终身教育培训的实践。学校与企业以国家发展基调为前提，培养自主研发意识，培养技术过硬、敬业的各类优秀人才。积极引导未来的职业需求，结合工业、教育、研究和应用，促进学校和企业之间的全面合作，形成多维发展的职业教育体系，为不同年龄的技术人员提供理论学习和技术培训机会，促使其形成终身发展的职业技术素养和工作能力。

二、国外的经验教训

在经济、文化交流日益密切的当今世界，各国的教育也不可避免地要受到别国的影响，但每个国家的国情不同，在"双师型"教师培养上也不能照搬别国的模式，而要发展适合于本国特点的教师培养体系。

（一）美国的职前培养模式存在的问题

美国是一个十分注重职前教师培养的国家，在促进职前教师培养的系列举措上积累了丰富的经验，并在促进"双师型"教师培养的过程中逐渐形成了多样化的职前教师培养模式。但是，在"双师型"教师职前培养方面的准备不足。美国对新教师的职前准备工作主要是在研究生阶段进行。在这一阶段，大多数研究生通过观察导师的行为与态度，包括如何安排时间、如何谈论工作以及价值取向等，了解学术工作。然而，尽管研究生通过观察导师的行为与态度对教师工作有了一定的了解，但他们通常没有和导师深入探讨过学术生活、教学工作或他们在职前准备中应该学习的特定能力与技能等问题。

（二）德国的"双元制"培养模式存在的问题

德国职业教育事业的高速发展离不开其独特的师资培养模式。在这种模式下，一大批高质量、高素质的职业教育教师被培养出来，源源不断地输送到各个职业院校，为德国职业教育事业的飞速发展提供了坚实的保障。因此，职业教育师资培养的"双元制"已经成为各国竞相学习的典范。但是，如果我们只看到其优点却不见其缺陷，简单地复制，不考虑国别差异，完全照搬照抄，只会适得其反。只有了解"德国模式"的自身缺陷，找到德国教师培养模式的阻碍因素，才能为构建我国职业教育师资培养模式提供有益的借鉴。

德国始终把发展职业教育看作国家经济振兴和持续发展的前提和基础，特别注重职业技术教育师资的培养，已建立了科学完善的职业技术教育师资培养、培训和继续教育的体系。当然，德国的职业教育师资培训不是尽善尽美的，也存在一些缺陷，如职业教育师资数量短缺。在德国，获得职业教育教师资格的条件十分严格，除了需具备大学毕业证书，还要求有两年的教育教学实习经历，在此期间还需要通过两次严格的国家考试才有资格成为职教教师。因为培养过程较长、程序繁杂、条件苛刻，人们对职业教育教师这个职业望而却步，所以在一定程度上减少了职业教育师范专业对年轻人的吸引力，导致选择该专业的人数下降。此外，中德两国国情差异也会产生阻碍因素。从发达国家德国职业教育师资培养模式的发展过程我们可以看到，职教师资培养模式是随着社会、经济、科技的发展而发展的。随着职业教育在社会、经济、科技发展中的地位和作用的发展而发展的，职业教育教育师资培养模式也在不断进步。中德两国政治、经济、文化传统的不同必然会对本国的教育体制产生影响，两国的职业师资教育模式必然存在差异。这些差异会在一定程度上对我国借鉴和学习德国的师资培养模式造成阻碍。

（三）澳大利亚的 TAFE 培养模式存在的问题

一是招生人数增长速度过快，忽视长远发展。随着科技进步与产业结构升级的不断深化，越来越多的人选择到 TAFE 继续深造学习，同时 TAFE 又是澳大利亚职业教育与培训最主要的机构，每年大约有 125 万注册学员，这个数字大约是澳大利亚普通高校人数的 1.6 倍，而且这个数字还在不断增长，这样就导致一些 TAFE 仅仅为了自身办学的内部效益而盲目扩大招生范围。众所周知，职业教育办学的内部效益是其外部效益的基础和前提，职业教育办学的外部效益是与其内部效益相统一的。如果 TAFE 仅仅注重规模化发展，忽视长远发展，会导致职业教育现有的条件与基础无法跟上其发展的步伐。此外，职业教育的目的之一是为区域经济发展培养专业技术人才，所以职业教育与培训不能忽视其办学的外部效益，要致力于实现长远发展。二是 TAFE 构建的升学"立交桥"并非特别完善。成功构建职业教育升学"立交桥"是澳大利亚 TAFE 办学模式最显著的特征之一。

20世纪90年代，TAFE就已经成立了专门的职业教育培训委员会，并在此基础上构建了"国家职业资格框架"。在国家职业资格框架的指导下，TAFE成功地将普通义务教育、中职教育、高职教育及大学教育相结合，构建了职业教育人才培养的"双轨制"，形成了由普通中学转入中职院校或普通高中之后再转入高职院校或普通高校的"立交桥"。然而，TAFE的高职教育与普通大学教育的衔接并不十分紧密，而且由高职院校转入普通大学继续深造的职校学员并不能很好地适应普通本科院校过多的理论教学。这是因为TAFE的高等职业教育与普通大学的本科教育分属于不同层次的高等教育，两者在办学方面存在诸多差异，尤其是TAFE高职教育强调实践技能的培养，而普通本科院校侧重于科学研究，这就导致不少TAFE毕业生在升入普通大学之后，难以适应普通本科教学。这也是现今澳大利亚的研究性综合大学并未广泛招收TAFE毕业生的原因之一。

（四）英国的"双师型"教师培养模式存在的问题

英国的"双师型"教师培养标准和体系比较完善，但在入职培训方面存在问题。虽然英国当前为规范教师的入职培训工作接连颁布了一系列政策法规，使得入职培训逐步成为一个独立的教育阶段，但政府制定的指导文件过于宏观，内容层面不够翔实具体。地方教育当局也未及时配合制定相关规范性文件，一定程度上缺乏针对性和可操作性，导致各学院在实施入职培训上难以达到预期成效。新教师在入职培训的过程中，需要结合每个阶段的具体培训活动，按要求定期填写入职培训与发展档案，但许多新教师反映入职培训档案的实际使用未能与自身专业发展做到有效衔接，入职培训档案的支持引导作用无法发挥。此外，由于入职培训时间不够充足，原本规定的新教师减免10%的教学工作时间以确保入职培训的进行也并未得到广泛落实，新教师在进入工作岗位后教学工作繁忙，导致每学期设立的目标及行动计划无法按时保质地完成。

（五）日本的"双师型"培养研修模式存在的问题

自20世纪末21世纪初以来，推进校本研修是日本深化教师在职教育改革的重要趋势。目前，大多数国家将日本关于研修的研究作为成功的典范，主要关注其具体实施方式。日本研修的开展可以成为我们的借鉴，但实际上，日本在推进研修的过程中也存在一些问题。一是研修容易形式化，缺乏常态性和远见性。二是"协调难"的问题。进入21世纪后，伴随着日本教育界对培养学生"生存能力"的提倡和"综合学习时间"的导入，许多学校通过研修积极探讨实施体验性活动和充实全校性集体活动，更加重视人际交流。

　　因此，基于各国国情的不同以及经济发展的不同状况，各国的"双师型"高职教师培养也存在一定的差异性。根据各国的"双师型"高职教师的培养模式和特点，我们应当积极吸取适合我国国情的"双师型"教师队伍建设经验，摒弃各国在"双师型"教师队伍建设中存在的问题，建设一支适合我国国情和社会发展水平的高素质高职院校"双师型"教师队伍。

第五章　工匠精神引领高职院校"双师型"教师队伍建设的意义及流程

师资队伍作为实现职业教育现代化的关键力量，其作用不言而喻。高职院校必须把加强"双师型"教师队伍建设作为职业改革发展最重要、最基础的工作来抓。因此，在工匠精神视域下科学制定高职院校"双师型"教师队伍建设的流程，对于加强高职院校"双师型"教师队伍建设具有重要意义。本章分为工匠精神视域下高职院校"双师型"教师队伍建设的意义和工匠精神引领高职院校"双师型"教师队伍建设的整体流程设计。

第一节　工匠精神视域下高职院校"双师型"教师队伍建设的意义

一、工匠精神视域下高职院校"双师型"教师队伍建设的必要性

（一）新时代的要求

当今是各种智能科技相互竞争的新时代，唯有高素质高职教师能担任培养时代人才的重任，政府只有通过改革职业教育领域的师资培养方式，执行"双师"政策，才能确保高职教育稳定发展。作为职业教育现代化的基础工作，党和国家提出要建设高素质"双师型"的教师队伍，健全教师管理和培养制度，稳步提高教师的社会地位和职业地位，提升教师的职业素养和职业能力，为职业教育改革与发展提供高素质的人才和智力保障。

当前，机遇与挑战并存，时代要求行业人才具备高素质，掌握高技能，国家也大力推动职业教育发展改革。因此，政府和高职院校"双师型"政策的执行受

到新时代职业教育发展的影响，纷纷探索师资改革的新路径，积极出台各种"双师型"建设举措，力求让我国职业教育的发展道路更加通畅。

（二）产业转型的需求

当前，我国正处于经济结构调整、产业结构升级的历史时期，随着新兴产业（如现代农业、现代制造业及现代服务业等）的不断发展和完善，社会需要一大批发展型、创新型和复合型的人才，这类人才应当能够紧跟时代前进的步伐，既掌握科学系统的理论知识和丰富的实践经验，同时又具备较强的动手能力，具备自我迁移知识和由于产业转型升级带来的转岗换岗快速适应能力。然而，企业在招工时常常面临高素质技能型员工难以招到的问题。

作为人才输出的职业院校，应当加大对新时代人才的培养力度。这意味着职业教育教师的职责不仅是传授专业知识，还需要培养学生的实际动手能力和适应能力。因此，只有严格要求职业教育教师具备扎实的理论功底、丰富的教学经验和精湛的职业技能，职业技术院校才能高效地履行这一职责。在产业转型对新型人才需求的大背景下，建设高素质、高水平的"双师型"教师队伍已经迫在眉睫，成为培育新型人才的根本要求。

（三）经济社会持续发展的现实要求

改革开放以来，我国职业教育在"政校行企"等各方协同努力下获得了较快发展，职业教育服务经济社会发展的能力逐步增强，在提升社会生产力与国家竞争力等方面发挥着关键性作用。但随着新一轮科技革命的到来，我国产业结构向中高端迈进的趋势更加明显，在"一带一路"倡议、"中国制造2025"等战略背景下，我国经济已由追求高速发展转向以质量稳步提升为目标的可持续发展新常态。

经济社会的持续发展使得各行各业对我国高等职业教育人才培养的质量和规模提出了新的诉求。为适应新形势和新要求，切实满足经济产业对人才的需求，我国职业教育迫切需要完善人力资源结构，加强高层次应用型人才的培养力度，缓解职业教育人才供给与企业技术人才需求之间的供需矛盾。

《全国职业院校教师教学创新团队建设方案》明确强调应以高质量"双师型"教师队伍及其教学团队作为应用型技术技能型人才培养的支撑力量，加快建设一支德技并修的师资队伍是提高职业教育人才培养质量的重要策略。因此，亟须加快高水平师资队伍建设步伐，并借此不断促进区域经济社会的持续高质量发展。

（四）国家对高职"双师型"教师能力提升的政策推进

20世纪末，我国首次提出了"双师型"教师这一概念，并且鼓励"双师型"教师队伍建设通过校企合作、工学结合的形式开展，这意味着"双师型"教师的政策地位开始显现。2010年颁布的《国家中长期教育改革和发展规划纲要（2010—2020年）》指出，若要提升职业教育的基础能力，就须加大对"双师型"教师和实训基地的建设。2019年，国务院发布的《国家职业教育改革实施方案》大力提倡企业兴办职业教育，鼓励有条件的企业兴办高质量的教育，而且指明在这个基础上，当地的人民政府应当给予相应支持。随后，国家各部门联合印发了《关于在院校实施"学历证书+若干职业技能等级证书"制度试点方案》，启动"学历证书+若干职业技能等级证书"（简称"1+X证书"）制度试点工作。1+X证书制度由许多专家、人才精心讨论研发，该制度的颁布对"双师型"教师提出了更高的要求，需要提前对1+X证书制度试点的教师进行专业培训，这在一定程度上为教师开展教育教学实践提供了极大的优势条件。在此大环境下，研究企业办学模式下的"双师型"教师队伍建设，不仅可以促进"双师型"教师队伍建设，还可以为企业更好地办学提供有益思路，从而助力我国职业教育更好更快地发展。

随着教育改革的不断探索和深入，职业教育越来越得到党中央和国家各部委的重视和支持。在《国家职业教育改革实施方案》中，进一步统筹规划了职业教育改革发展的方向和详细要求。在《关于实施中国特色高水平高职学校和专业建设计划的意见》中，特别强调要按照"四有"标准，加快建设一支数量充足、专职与兼职相结合、具备合理结构的高水平双师队伍。

建立和完善教师岗前、在职培训培养制度，并强调创新教师整体评价机制，逐步建立实时动态调整反馈机制，注重目标管理和目标评估，并以绩效结果和个人能力水平为参考，实现按劳取酬、业绩好报酬多的奖励模式。《深化新时代职业教育"双师型"教师队伍建设改革实施方案》明确指出了要完善三项保障机制：一是加强党对教师队伍建设的全面领导。二是落实权益保障和激励机制提升社会地位。三是强化教师队伍建设改革的保障措施。将教师队伍建设作为中国特色高水平高职院校和专业建设计划投入的支持重点，使现代职业教育质量提升计划进一步向教师队伍建设倾斜。

由此可见，国家对职业教育政策的不断推进，使实现职业教育总体目标以及可持续、全面发展指日可待。"双师型"教师队伍的建设是不竭的内驱动力源泉，在当前职业院校的总体工作中占据了重中之重的地位。

（五）高等职业教育内涵式发展的需要

新时代，高等职业教育内涵式发展应立足于学校的整体定位，注重高标准，以培养高层次核心应用型人才为具体目标，以建设世界一流专业（群）为发展方向，重点推进"三教"（教师、教材、教法）改革。

首先，从办学定位上看，到2035年，我国职业院校发展水平应具有国际影响力，引领未来职业教育进一步发展，培养更多技术技能型人才，服务于推进国内经济发展和提升国家整体竞争力。职业教育办学质量在一定程度上取决于教师队伍的高质量发展，因此，迫切需要一支拥有精湛技艺的高素质"双师型"教师队伍。

其次，从人才培养上看，高职教育作为技术技能人才培养的重地，应适应核心产业的积极转型升级和社会经济的规划与建设需要。在开展的1+X证书制度试点工作中，主要面临的困难是师资队伍对1+X证书制度的接受程度。在此背景下，"双师型"教师应同时具备教育家和培训工程师的双重身份，这对"双师型"教师来说是一次巨大转型。

最后，从师资队伍建设上看，实现"双师型"教师占总师资的二分之一以上，这不仅仅是数量上的口号，更是质量上的标准。促进高职教育内涵丰富发展需要进一步加强教师队伍建设工作，建设一支能够适应21世纪经济、社会、科技发展和人才培养需要的高素质"双师型"教师队伍。系统建立严格规范的科学管理体系，逐步建立健全选聘、任用、考核、奖惩、培训等一系列实施机制。整体来看，"双师型"教师在高职教育内涵发展中起着举足轻重的核心作用。

二、工匠精神视域下高职院校"双师型"教师队伍建设的价值

（一）有利于更好地培养高职人才

随着市场经济的快速发展，各行业对高职人才的要求和需求增加，行业和企业对高职学生的能力提出了新的要求，更加注重学生的实践能力，而"双师型"教师在学生实践能力的培养中起着重要作用。

高素质"双师型"教师应具备良好的教学能力、管理和创新能力以及丰富的实践经验，向学生传授与行业最新发展方向、企业最新技术需求密切相关的专业理论知识、创新理念和实践经验。只有建设与行业、企业联系密切的高质量"双师型"教师队伍，才能保障高职院校培养出理论与实践相结合、符合企业需求的高素质人才。

（二）有利于提升高职教师素质和师资水平

从微观层面上看，"双师型"教师队伍的建设必然要求教师具备"双师型"教师的素质，这在一定程度上推动了高职教师素质的提升。"双师型"教师肩负着为社会培养技术技能型人才的重任，不仅要具备扎实的理论基础知识、专业教学能力，还要具有丰富的实践经验和指导学生实践的能力。因此，要想成为一名优秀的"双师型"教师，教师必须努力提高自身的理论知识水平和实践能力，让自己具备"一专多能"的素质。

从宏观层面上看，"双师型"教师队伍建设是学校推进教学改革、提高办学水平、实现培养目标的基础。建设一支结构合理、技术水平过硬、教学水平高的"双师型"教师队伍将会极大提高学校的师资水平，增强学校的综合实力，进而促进我国职业教育高水平、高质量发展。

（三）有利于提升高职院校的核心竞争力

在科学技术高速发展的背景下，我国产业经济结构快速升级，工作岗位需求综合化的特征日益凸显，这也使得职业教育与经济社会、职业岗位的联系更加紧密，因此高职院校的人才培养迫切需要与各行业、企业进行高效衔接。

高职教育要实现"提质培优、增值赋能、以质图强"就需要有一支能适应高等职业教育、强化技能和实践教学的"双师型"教师队伍，切实承担起为国家发展培养高素质高技能创新型人才的神圣使命。作为高职院校核心竞争力的教师队伍将极大地推进学校"双高计划"（中国特色高水平高职学校和专业建设计划）的蓬勃发展。

第二节 工匠精神引领高职院校"双师型"教师队伍建设的整体流程设计

一、"双师型"教师建设的整体流程设计思路

管理学理论研究表明，良好的流程管理是实现组织目标的保障。为高效促进高职院校"双师型"教师队伍建设，高质量的流程设计和管理是必不可少的环节。

管理学中将"流程"界定为"为达到目标而进行的一系列相关活动"，这些

活动通过节点组合安排，使得相关管理要素为最终目标实现高效服务。以工匠精神为引领的"双师型"教师队伍建设是职业教育高质量发展的重要目标。为实现这一目标，需要从"双师型"教师队伍建设标准确立、路径优化、考核机制和激励制度完善等方面构建科学明晰的流程。

二、"双师型"教师队伍建设的整体流程设计

借鉴质量管理思想，笔者设计了"双师型"教师队伍建设基本流程图，如图5-1所示。该流程以"双师型"教师队伍建设的质量为明确导向，将目标细分为专业技能、教师技能和实践技能三个方面，根据这三个方面的不同特征分别从建设标准、建设路径、技能考核与有效激励四个方面构建闭环系统，围绕"双师型"教师能力的持续提升形成循环反馈闭环，以保证"双师型"教师队伍建设质量的持续提升。

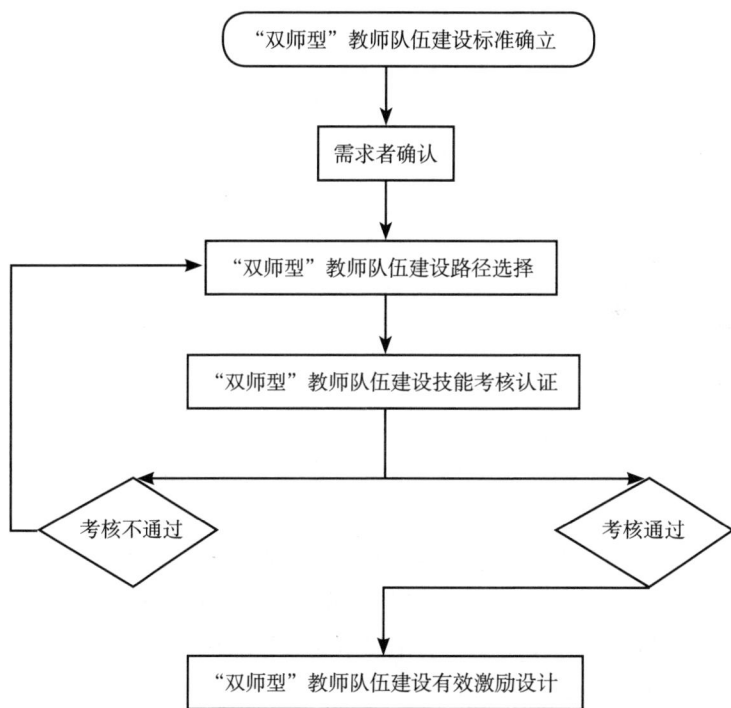

图5-1　"双师型"教师队伍建设基本流程图

三、"双师型"教师队伍建设的流程设计解析

（一）确立标准

加快建立具有普适性、可操作性的高职"双师型"教师专业标准，对于推动高等职业教育发展至关重要。基于高职"双师型"教师工作过程构建的六维胜任力模型，为建立高职"双师型"教师专业标准提供了科学、客观的参考依据。其中，思想引导能力、教育教学能力、实践教学能力、教学研究能力、教学管理与社会服务能力、职业教育素养六个维度的能力要求，全面展示了高职"双师型"教师在现阶段及职业教育发展未来阶段应具备的专业能力。

1."双师型"教师准入标准

针对目前对于"双师型"教师理解片面的问题，学校应当给予重视，将"双证书"与"多能力"并重，从教师转入源头把关，集教学能力、实操能力、协调能力、创新能力和自我提高能力于一体，重新定义并制定"双师型"教师准入标准。在核验教师双证无误的情况下，安排专人通过一定时期的听课、评课、谈话和专业能力理论及实操测验等方式，综合考量"双师型"教师所具备的教学能力、实操能力、协调能力、创新能力和自我提高能力，并结合各方专业指标，合格后才能认定为"双师型"教师。

对于暂未达标的教师，可将规定的考察期从一年延长到两到三年，并在此期间给予适当的帮助和支持。从观念入手，通过加大专业培训和进修的力度，促进教师专业能力的提高。教师要正确认识到自身专业能力提高的重要性，使自身的能力与岗位需求相匹配。

从教学表现和效果等多方面考核，广泛听取教师群体、学生群体和社会群体的评价与意见，明确"双师型"教师标准与普通职业教师标准的差异，形成良好的竞争与合作关系。要打破传统的教师工资分配制度，按照"多劳多得、能者多得"的原则领取报酬，不断提高教师工资中的奖励比例，调动普通教职工向"双师型"教师转变的主动性和积极性。真正做到提升"双师型"教师的社会地位，体现"双师型"教师的独特价值，打造"双师型"教师的典范属性。

2."双师型"教师认定标准

结合当前高职院校内涵建设和发展要求以及学院实际情况，把理想信念、师德师风、扎实的理论知识、熟练的实践技能、现代工匠精神等要求纳入认定标准。可把带学生参加技能大赛获奖情况、参与教学能力大赛获奖情况或参与企业横向

课题情况列入"双师型"教师的认定范围，明确认定范围和评价依据，扩大认定的范围。"双师型"教师的认定标准尽可能地多元化，把专业实践技能和社会服务能力当作首要的考核导向，把握好突出实践能力的基本准则。

3."双师型"教师考核标准

根据相关教育部门的政策法规，要不断更新修订完善"双师型"教师考核标准，定期举行"双师"考核工作，这旨在不断促进"双师型"教师专业能力的提高。同时要结合学校的特点，紧紧围绕"双师型"教师内涵本质的要求，对"双师型"教师的专业能力加以规范。

在教学能力考核方面，从前期的设计到中期的实施再到后期的评价，每一个环节都至关重要。例如，在教学设计开发能力方面，要求教师做到正确领会教学目标，定期书写教学计划，设计教学过程及情境，能够做到教材与经验的有机结合和运用，同时具备独立开发或参与开发与专业相关并具有一定价值的课程的能力。

在教学实施方面，要求教师具有良好的解释和叙述能力，能流畅地表达，牢固掌握现代教育技术进行教学，并能够营造良好的学习氛围，掌握培养学生的职业兴趣和学习兴趣的方法等。

在教学评价方面，采用多元评价方法，定期引导学生进行自评和他评，同时积极开展教师自评与互评工作，及时调整和改进教育教学工作进度与流程。

在示范演示能力方面，教师要能够熟练、正确地向学生演示操作的全过程，并能分清重难点及技巧点；运用理论联系实际的方法有效实施教学，如教学与实践相结合；通过现场指导有效控制教学过程，学生可以在教师的指导下积极学习和训练技能。教师能够组织安排好学生进行校内外实训实习工作，保证实训实习顺利进行并全程参与确保安全生产。

在沟通合作方面，建立良好的师生关系，与同事组成经验分享团队，定期分享教学经验和资源，与学生家长保持长期并及时的沟通，共同推动学生发展。同时积极主动配合推动校企社合作办学。

在学生管理方面，除定期开展德育活动外，当学生遇到职业生涯规划和心理问题时，能够及时给予帮助和指导，妥善处理突发事件。教师要积极探索和研究教育教学工作中出现的实际需要和问题，关注教材变化与社会现实彼此的关联性，对此开展整合创造，同时与教学内容相互融合，能够准确地把握教材重难点，将教材有效地整合成适应学生特点的教学工具，在教学过程中摆脱传统教学模式的束缚。学校也要主动邀请所有的"双师型"教师参与校本教学研究和教学改革，听取并收集各方意见与建议，激发教师创新性。教师应主动收集专业前沿动态信息和社会需求等相关信息，定期召开行业信息交流会议，结合行业企业和专业发展需求制定自己的个性化专业发展规划，积极提高自身的专业素质，通过企业挂职培训、专业培训等多种方式不断促进个人专业发展。所有"双师型"教师一旦在认定后的考核中未能及时通过核验，学校便应当严格根据标准给予撤销认定"双师型"教师的处罚，绝不给任何一个蒙混过关、不思进取的教师一丝机会。这是对社会、学校、学生的一份承诺，也是对教师自身的一种鼓励和鞭策。

4. "双师型"教师专业标准

（1）思想引导力标准要求

①掌握思想政治理论的能力。

初级、中级：熟悉思想政治理论部分内容。

高级：掌握思想政治理论全部内容。

②课程思政教学的能力。

初级：能够模仿课程思政教学方式方法，制作教案，实施课程思政教学。

中级：能够熟练挖掘课程思政元素，有机融合到教学内容中，实施课程思政教学。

高级：能够灵活地将课程思政元素与教学内容有机融合，实施课程思政教学，也能在校本教材中融入思政元素，并能指导初级、中级"双师型"教师对课程思政教学加以实施。

③师德师风示范的能力。

初级、中级：熟悉师德师风十项准则，自觉遵守道德规范、行为准则，体现教师行业风范、道德风貌。

高级：能够指导初级、中级"双师型"教师遵守师德师风十项准则，并能以身作则起到示范引领、榜样带动的作用。

（2）教育教学能力

①掌握专业理论知识的能力。

初级：了解所教专业教材的课程大纲和内容。

中级：熟悉所教专业知识体系以及多学科知识。

高级：掌握所教专业知识体系和多学科知识，并能指导初级、中级"双师型"教师学习专业的理论知识。

②掌握教育理论知识的能力。

初级、中级：熟知高职教育工作的意义；熟悉高等职业教育理论知识；熟练选择并运用适当的教学方法。

高级：理解高等职业教育的意义，并热爱高等职业教育事业；掌握高等职业教育理论知识；灵活运用教学策略和方法，并能创新教学模式。

③教学设计的能力。

初级：能按照课程标准和学生实际情况设计教案（含线上线下混合式教学设计方案）。

中级：能根据具体需要选择教学材料、充分设计教学活动（含线上线下混合式教学设计方案）。

高级：能根据学生实际情况分类设计教学计划（含线上线下混合式教学设计方案），并能指导初级、中级"双师型"教师进行教学设计。

④教学实施的能力。

初级：能够有效组织课堂教学，调动学生学习的积极性；能够有效选择教学资源并运用；能够与学生进行互动；能够妥善处理突发事件；能够评价学生课堂学习效果。

中级：能够运用现代化信息技术开展教学，激发学生学习兴趣；能够灵活使用多种教学资源，并能充分调动课堂学习氛围；能够与学生建立良好的师生关系；能够及时有效地对突发事件加以处理；能够运用多种评价方式对教学效果加以评价。

高级：能够选择并运用多种现代信息化教学途径辅助组织教学活动；能够发挥学生主体性，灵活运用启发式、探讨式等教学方式；能够灵活运用多维评价方式，给予学生恰当的评价、指导；能够指导初级、中级"双师型"教师进行教学实施。

⑤教学反思的能力。

初级、中级：能够按照实际的教学情况进行自我总结并反思；能够记录反思情况，并提出相应的改进措施。

高级：能够经常进行教学总结、反思，及时改进教学工作；能够指导初级、中级"双师型"教师进行教学反思，并帮助教学工作的改进。

（3）实践教学能力

①掌握技术技能的能力。

初级、中级：拥有企业工作经历，具备一定的实践经验（初级累计时长≥

一年，中级累计时长≥三年）；熟知专业领域技术技能知识；能够熟练进行理实一体化教学。

高级：拥有企业工作经历，具备丰富的实践经验（累计时长≥五年）；掌握专业领域技术技能知识，不限于相关专业技术技能知识；能够灵活地将理论知识融入实践教学，有效完成教学目的；能够指导初级、中级"双师型"教师进行技术技能的学习。

②指导现场实践的能力。

初级：能够按照操作标准进行技术技能的示范，并指导学生完成操作；了解实践教学方法并加以运用。

中级：能够熟练示范技术技能，并指导学生完成实操；熟知多种实践教学方法并结合使用。

高级：能够示范高难度的技能操作，并指导学生安全完成；能够灵活运用多种实践教学方法；能够指导初级、中级"双师型"教师进行实践操作。

③组织实践考核的能力。

初级、中级：能够参与制定实践考核内容和标准，并参与考核工作。

高级：能够主导实践考核内容和标准的制定，并评价考核结果。

④课程开发的能力。

初级：了解精品在线开放课程设计与开发的理念、方法和步骤；了解项目式课程设计与开发的理念、方法和步骤；能够按照课程开发的要求收集各种资源素材，初步设计课程内容，参与完成几门课程的开发。

中级：熟知精品在线开放课程设计与开发的理念、方法和步骤；熟知项目式课程设计与开发的理念、方法和步骤；能够熟练设计课程内容，并完成几门课程的开发。

高级：掌握各种课程开发的理念、方法和步骤；能够灵活设计课程内容，并主导完成多门课程的开发；能够指导并帮助初级、中级"双师型"教师完成课程的开发。

⑤开发教学资源的能力。

初级：能够参与校本教材等教学资源开发，搜集、查找和分析相关材料；能够使用多媒体等资源制作教学课件。

中级：能够按照教学标准要求，对教学材料进行整理分析，初步确定校本教材大纲和内容；具备较强的信息化技术应用能力，熟练制作具有丰富内容的教学课件。

高级：能够参与编写国家职业教育规划教材；能够主导改编和开发活页式、工作手册式等新形态校本教材；具备开发教学应用的平台或软件的能力；能够指导和帮助初级、中级"双师型"教师开发教学资源。

（二）明确路径

1. 内生式路径

高职院校"双师型"教师队伍建设的内生式路径，是指教师及学校从自身出发，加强高职院校"双师型"教师队伍的建设。教师本身可以从强化意识、制订计划等方面实现"内生式"发展。学校方面则可以从完善教师发展的内在机制入手，转变职业教育观念，优化"双师型"教师认定标准，创立培训与实践平台，完善考核机制，设立专项经费等来满足教师的内在发展需求。校企融合方面，要做到人才的流通与互补。

2. 外援式路径

如果教师发展的"内生式"路径是高职院校"双师型"教师队伍建设的核心所在，那么多方合力共同作用的"外援式"路径就是"双师型"教师队伍建设的重要保障。行业及政府共同建立完善而合理的支持保障机制，是"双师型"教师发展的重要前提。行业指导方面，要做到拓宽社会支持渠道；政府支持方面，要做到政策、法律、资金与平台全方位的构建与保障。

（三）考核认证

1. 入职资格制度规则体系

实施"双师型"教师资格制度，是从"入口端"保障职业教育"双师型"教师队伍专业化发展。我国于1993年开始实施教师资格制度，随后颁布了《教师资格条例》及《〈教师资格条例〉实施办法》，标志着我国逐渐确定教师资格证书的管理办法和具体方案。从各个省市的经验来看，已经将"双师型"教师的"教师资格"和"技术技能资格"双重标准作为入职资格的考量指标。例如，江苏省推行"教师职称＋专业技术证书"标准；河南省采用"教师资格＋专业职称（技能资格）＋实践经历"准入标准。各地的"双师型"教师制度准入要求和要素各不相同，一定程度上能够适应不同区域职业教育发展的现实，但因缺乏全国统一标准、统一要求，导致区域职业教育"双师型"教师队伍质量存在差异。

实施全国统一、规范的高职教育"双师型"教师资格准入制度，有助于提升技术技能人才的职业教育教学能力与素质，能够更高效地对接职业院校的育人工作,从而确保校企合作育人目标的实现。因此,建立全国统一的1+X"双师型"教师资格准入制度势在必行。其中"1"代表教师资格,"X"代表技术认知、技术操作需要的一切资格或资历。职业教育"双师型"教师1+X资格制度既不是物理上的机械连接,也不是强行的被动组合,而是产生化学反应式的交融,旨在形成一个相互影响、相互共存的关系网络。

2. 教师动态考核评价体系

建立学校、行业企业、培训评价组织等多方参与的多元化"双师型"教师评价考核体系。落实教师职业行为准则,建立师德考核负面清单制度,严格执行师德考核一票否决制度。引入社会评价机制,建立教师个人信用记录和违反师德行为联合惩戒机制。实行"双师型"教师动态考核管理办法,对已经认定为"双师型"的教师进行周期性考核。每一年再根据新的变化和要求,对不同教龄、学历和职称的教师分类分层开展考核,以达到最优化的动态管理。可采取教师自评、教学团队内互评、质量监控中心考核评价的方式,多角度、全方位地将实践教学能力、应用能力作为考核的重点,最终由教师发展中心集中对教师的师德师风、教学工作、实践操作能力、社会服务能力等方面进行全面考核。

根据动态考核结果适当地调整教学计划、教学方法,制定下一阶段的发展目标,更加明确今后工作中应该努力的方向。对于新晋升的"双师型"教师,以学生评教情况为参考,着重考核教学设计、教学实施等基本工作任务,结合职业技能等级证书考取、教学效果、对人才培养的贡献等工作业绩进行评价考核,并认定相应的等级。对于"双师型"骨干教师,则着重考察其课程标准修订、教材编写和教学资源库建设等能力,结合青年教师指导情况、技术项目研发、企业实践调研报告等社会服务能力因素进行考核评价,并认定相应的等级。对于"双师型"专业带头人,应从专业建设、编制的人才培养方案、开展的师资培训方向和专业整体"双师型"建设成效出发,作为考核评价的依据,并认定相应的等级。对于年度考核不达标的"双师型"教师,采取降级制。进一步深化对教师岗位职称体系改革,把师德师风、工匠精神、科研技能及教育课程的教学实践效果作为高校对教师进行系列岗位职称评定的考核重点。在专业职称评聘环节中,进一步深化对教师专业职称体系改革,克服唯学历、独资本、唯"帽子"、独博士论文、唯课程项目等倾向,适度增加对教学实绩、实践技能、技术成果转化等的考评指标,并增加"双师型"教师的考核权重,在职称评定中适度向"双师型"教师倾斜。

（四）激励政策

1. 尊重激励

互相认可是激励教职工的重要基础，因此管理人员只有首先关注教职工，才会赢得教职工对单位巨大的经济回报。但假如学校内部管理人员不重视单位教职工感情，不关注单位教职工，就会极大挫伤单位教职工的主观积极性，使他们的实际工作目的只在于获得经济收益，而在这时，偷懒和不负责等现象也就随之产生。互相尊敬则是促使整个学校内部单位教职工创造性大爆发的巨大催化因素，而互相尊敬与鼓励也是学校内部的基本激励机制。学校上下级内部的相互尊重也是一个很重要的动力，它能够提高单位教职工内部的文化凝聚力，也能够推动学校团队精神和文化凝聚力的建立。高职院校教师作为知识型教职工，相比于普通体力劳动者，学历较高，对个人尊严和自身价值的实现往往有着更强烈的要求，更渴望获得社会和他人的肯定和尊敬。

高职院校必须充分认识到满足对教师尊敬需要的重要意义，树立起尊敬教师、重视学习的理念，并把尊敬教师、重视学习的教育思想渗透到学校日常各项教学管理工作当中，建立更加人性化且符合学校实际状况的管理规定。在学校开展各项检查工作时，尽可能尊重教师等，以便于在全校范围内建立尊师重学的良好风尚。

2. 情感激励

情感激励机制是指学校管理者与其教职工相互之间构建起一个亲切友好的心理情感人际关系体系，将情感交流与情感激发作为重要手段，充分地调整教职工工作的主观积极性。

在实施情感激励机制时，学校管理者要能够采用对话等语言激励方法与教职工进行交流，及时掌握职工的思想情况，从而对症下药，改善工作关系。也可采用非语言形式，如动态、手势、姿态等鼓励教职工。但无论采用什么方法，领导者本人要保持积极的工作心态，就必须让自身保持在一个心理情感移入状态中，与被管理者实现精神情感的共融。马斯洛的需求层次理论指出，每个个体都有对感情、爱与归属感的基本需要，但由于我国高职院校的教师多为知识型职工，相比于普通体力劳动者通常有更强的归属感需求。因此高职院校的管理者要在如下几个方面对教职工实施情感激励：首先，院校领导班子要主动关心高职院校教师的工资待遇、研修状况等，并积极帮助高职院校的教师解决各种问题。其次，院校职工、各二级学院职工都要发挥一定的社会功能，在学校教师发生婚丧嫁娶等大事之时，学校职工或各二级学院职工都能遣人及时到位并给予教师一定的情感关怀，以使教师对高职院校有一种归属感，并借此加深教师对高职院校的感情。最后，学校直接上级要关心教师的办公、生活情况，并积极地为教师排忧解难，使教师将更多的时间和精力投入本职工作中。情感激励主要靠的就是思想感情的动力，它所表现的就是人与人之间互相尊敬、互相关心的良好情感关系。它从思维工作方面出发，以对情理的疏通实现了上司与下属之间的尊重和信任，进而使双方在思想和社会问题上达成共识。

3. 文化激励

校园文化是学校教育的基础环境，是由学校在其创建和发展过程中逐步建立并展现出来的，历经了漫长的历史沉淀，具有稳定且充实的生活动力与精神财富。所以学校在为教职工配备现代化的工作设备，如教室、教研室、实验房等硬设备的时候，还应重视学校软条件的建立。优美的校园环境、良好积极的学术风气，是学校不断发展壮大的内在力量。而我国高职院校长期发展的实践经验也告诉我们，有无自己的特点、优势和独立品格决定着一所学校的命运。高职院校既不同于中学，也不同于大学，是二者的综合体，这也印证着高职院校一定要有自己的特色。

高职院校需要做好如下几个方面的工作来培育自己的特色文化。首先，树立自己的办学思路、办学理想和价值观，并以此建立精神上的学校文化；其次，应建立与文化相关的行为、道德等管理制度，以加强学校制度文明建设；再次，应注重外在的物质文明，包括美化校园、充实校园生活、提高办学软硬件的质量、改善校园面貌等。在营造校园文化的同时，还应关注传统文化的落地生根。通过进行校园文化建设宣传与教师管理等工作，在对新进教师进行的岗前培训中加入校园文化培训，以便让新进的教师更加熟悉校园文化建设，并以此增强新进教师对校园文化的认同感；对在岗教师，也要定时地进行不同形式的学校文化教育活动，力求让全体教师都接受校园文化的熏陶，并以良好的校园文化来影响、管理教师，发掘教师的潜力，调动教师工作的积极性，让教师自觉地为学校的发展贡献自己的力量。

第六章 工匠精神引领高职院校"双师型"教师队伍建设的内容与策略

高职院校教师是教学活动的直接组织者和实施者，在进行职业观教育的过程中，教师的教学态度及实施能力的好坏直接决定着职业观教育的效果是否显著。工匠精神引领高职院校"双师型"教师队伍建设要遵循一定的建设原则，明确高职院校"双师型"教师队伍建设目标。高职院校还要致力于建设一支相对稳定、专兼结合、有干劲的高素质教师队伍，发挥工匠教师队伍的引领示范作用。本章分为工匠精神引领高职院校"双师型"教师队伍建设原则、工匠精神引领高职院校"双师型"教师队伍建设目标、工匠精神引领高职院校"双师型"教师队伍建设策略三个部分。

第一节 工匠精神引领高职院校"双师型"教师队伍建设原则

一、切实性原则

党的十九大报告中明确提出，中国特色社会主义进入了新时代，我国经济已由高速增长阶段转向高质量发展阶段，这是我国做出的重大判断。立足于我国的基本国情是事业发展的基本前提，工匠精神引领高职院校"双师型"教师队伍建设同样必须立足于我国的基本国情，坚持一切从我国的实际出发。

工匠精神引领高职院校"双师型"教师队伍建设，是国家关注的重点，也是党结合我国现实发展需求提出的科学理念，这一理念反映了中华优秀传统文化和时代精神，强调个体能力和精神品质的发展。

在工匠精神引领下，高职院校应立足国情，坚持党的领导，确保工匠精神在教师队伍建设中发挥作用。我们要关注高职院校实际情况和教师的现实需求，尊重差异，促进教师创新精神的发展，培育具有工匠精神的"双师型"教师队伍。高职院校应根据教师的实际教学表现，发挥"双师型"教师的应有能力，做好配套辅助工作，使教师队伍建设切合实际、合情合理。

二、与时俱进原则

与时俱进强调坚持从实际出发，依据时代的客观情况而变化、发展。当前人类社会处于大数据时代，社会快速发展，因此，要立足社会实际，以科学的态度认识事物，随时代发展而变化。恩格斯在《路德维希·费尔巴哈和德国古典哲学的终结》中指出："世界不是既成的事物的集合体，而是过程的集合体。"历史发展的实践证明，一切事物的发展都是一个与时俱进的过程。马克思主义诞生多年仍然生机勃勃的主要原因就是马克思主义能够始终站在时代最前沿，始终根据时代的变化而变化，具有与时俱进的品质。同样，在工匠精神引领高职院校"双师型"教师队伍建设的过程中，必须坚持与时俱进原则，只有这样才能发挥工匠精神的价值。

时代精神是一定时代的精神主流和基本价值取向，是一个社会的精神气质、精神风貌和社会时尚的综合体现。时代精神从社会实践中发展而来，体现了社会前进的方向。《马克思恩格斯全集》中写道："时代精神体现在社会的意识形态中，但只有对社会产生积极作用的思想才是时代精神的体现。"不同的时代孕育着不同的人，不同人的需求不一样，也反映着不同的时代精神。在社会发展过程中，我们形成了大庆精神、"两弹一星"精神、脱贫攻坚精神等伟大的精神。它们展现了社会发展的方向，构成了社会主义精神文明建设的重要内容，是国家宝贵的精神财富。工匠精神作为现今国家提倡的一种精神品质，它从古代社会发展而来，不断丰富自身的内容，与时代发展相契合。要发挥工匠精神的引领作用，就必须立足时代精神，顺应时代的变迁，在时代发展潮流中不断彰显自身的魅力。古往今来，出现了许许多多杰出的工匠，如画圣吴道子、发明家鲁班等，他们的作品被后人敬仰，精神被后人所传承，他们精湛的技艺和优秀的品质被世人铭记。杰出的工匠不会仅满足于一些微小的成就，他们会不断根据时代的特色、环境的变化来寻求技艺的革新。同时，他们会站在时代前沿，与时俱进，学习借鉴他人的优秀经验，发展自身，创造出臻于完美的作品。

　　工匠精神与时代精神息息相关，它们都发端于社会历史之中，体现在经济、文化等各个体系当中，两者有着内在一致性。工匠精神是时代精神在职业领域的体现，时代精神包含工匠精神。时代精神的内涵和格局更大，更高远；工匠精神的培育要以时代精神为前提，扩展工匠精神的内涵，推动工匠精神发展。

　　高职教师在其职业活动中扮演着文化知识传授者、学生成长引导者、信息整合咨询者、职业技能训练者和应用研究实践者的角色，他们既要根据专业发展和学生成长及学生职业发展的需要，将整理提炼过的有效知识转化为学生的职业理论素养，还要具备相应的专业实践技能和实际工作经验。真正意义上的"双师型"应是指既能胜任理论教学，又能指导学生实践，且其指导实践的能力源于学校实验室、科研生产一线的工作经历。高职教师的实践能力必须与本行业最新的技术技能水平与时俱进，因为高职学生"工匠精神"的培育来自"双师型"教师对自己工作经历的理解和内化，继而将其渗透到理论和实践教学当中。鉴于此，高职院校"双师型"教师担负起学生"工匠精神"培育的职责，就必须有主动并且定时到学校实验室尤其是科研生产一线锻炼的意识。同时，学校也应该有相应的强制性规制，要求教师在从事专业理论教学之前必须有实践工作经历。因此，高职院校"双师型"教师队伍建设与时俱进的职业化素养是培育学生"工匠精神"的关键。

　　现今，社会发展迅速，各种新的科学技术、新业态不断涌现，高职院校在发展中面临着新的问题与挑战。这就需要高职院校不断与时俱进，不断丰富工匠精神的内容。同时，要积极弘扬时代精神，使工匠精神引领高职院校"双师型"教师队伍建设体现出时代特色。

三、公平性原则

　　工匠精神引领高职院校"双师型"教师队伍建设要遵循公平性原则，尽可能地给高职院校教师提供一个公平竞争的平台，维护更加公平的竞争环境，使每个教师都得到充分发展的机会。

四、专兼结合原则

　　高职院校在"双师型"教师队伍建设的过程中更需要强调专兼结合原则。以专职教师为主，弥补高职院校"双师型"教师队伍建设存在的不足，打造高水平教师团队。高职院校要创新人才引进机制，开展宣讲和招聘活动，大力引进兼具实践能力、应用研究能力和专业理论水平的优秀硕士、博士研究生；与高水平研究型大学联合制订人才培养计划，订单式培养教师；制定人才优惠政策，提高引进教师的薪酬待遇，完善福利保障措施，加大项目基金支持力度，制订包含"学术假期"在内的培训计划，为教师提供待遇优厚、前景良好的工作机会；注重引进高水平领军人才和创新人才，以学科带头人作为"领头羊"，充实、领导和激活人才队伍，培养本土人才和后劲力量，提升整体办学水平。

高职院校应积极联系周边实力较强的企业，借助政策支持，建立稳定合作关系，形成以互补互助为基础的人才互聘制度；完善兼职教师聘任办法，拓展引进渠道，适度降低学历和年龄要求，让优秀技术人才有用武之地；灵活制定兼职教师考核评价办法，将校外指导学生实践实习充分纳入工作量考核内容，突出以创新和实践为中心的教师评价导向；做好兼职教师的教育科学理论、课程教学能力、师德师风建设等方面的培训工作，在突出特长的同时补足短板，提高兼职教师的理论素养；形成以实践教学成效为基础的激励制度，将考核结果与绩效工资、行政职务、职称评定、荣誉嘉奖等激励政策紧密结合，提高待遇、保障福利，提高兼职教师从业的积极性；加强对兼职教师的管理和沟通，关心关注职业教师的教师专业发展情况，调动其职业责任感和工作积极性，打造比例科学、专兼结合的"双师型"教师队伍。高职院校还要构建专兼结合就业指导教师队伍，积极优化就业指导教师队伍的结构，尤其要解决提高"双师型"教师的引进比例问题，可采用特聘或校外聘请的方式。而在教师的年龄结构上，要关注老教师与新教师的结对问题，将新人新方法和老人老经验有机结合，提高高职院校就业创业指导工作的整体质量。高职院校应当着力保证就业指导教师队伍的稳定性。创业就业指导工作小组的领导层可以讨论制定就业指导教师队伍的有关考核标准，将学生的就业率、就业对口率和就业范围等作为考核的参考标准。高职院校还应当提高就业指导教师队伍的专业性，开展专职教师的继续教育工作和兼职教师的就业指导专业知识技能培训工作，提高其他教师成员的就业指导水平，努力实现打造"专兼结合＋全员参与"的就业指导教师队伍的目标。

五、重点培养与全面提高原则

在进一步提高高职院校"双师型"教师队伍整体素质和能力培养的同时，需要重点做好中青年教学骨干的培养工作，高度重视带头人的作用，建立良好的高职院校学术梯队，为"双师型"教师队伍的培养提供源源不断的人才。在培养高职院校"双师型"教师专业素质过程中，一定要坚持重点培养与全面提高的原则，对于各个不同年龄段的教师需要采取不同的培养方法。对于青年教师来说，一定要做好岗前培训工作，明确具体的培养路线，使每个教师都有机会参与培训。积极引导年轻教师到教学一线实践，不断丰富经验，使理论知识与实践知识得到充实，不断向"双师型"标准靠拢，形成强大的合力。

第二节　工匠精神引领高职院校"双师型"教师队伍建设目标

一、树立"双师型"教师队伍的"双师"认同感

认识是行动的基础，理念是行动的先导。有什么样的理念就会有什么样的行为。要想真正实现教师转型，就必须改变教师的思想观念。高职院校教师要认同"双师型"教师理念，充分认识工匠精神引领高职院校"双师型"教师队伍建设的基本内涵。

优秀"双师型"教师应发挥模范导向作用，宣讲"双师型"教师专业发展经验，带领其他教师共同申请研究课题和企业横向项目，组建人才团队，培育新人。教师之间"结对子"，院系组织"给梯子"，高职院校和企业"搭台子"，形成老带新、强带弱的"传帮带"机制。高职院校教师应在正确把握教育的内外关系规律的基础上，加强对高职院校"双师型"教师队伍建设的宏观把握，理解以工匠精神引领高职院校"双师型"教师队伍建设是尊重高等教育发展规律的必然结果；学习教育部、省教育厅等行政机关出台的政策，深入了解工匠精神引领高职院校"双师型"教师队伍建设的原因、目的、实施规划和发展前景，解读政府部门的支持政策，明确工匠精神引领高职院校"双师型"教师队伍建设是顺应国家经济结构调整升级大势的应然之举、必然之举；学习"双师型"教师队伍建设的政策文件，明确个人定位，找准转型发展的方向和目标，并结合高职院校或专业发展实际开展校本研究。高职院校教师同时应积极参加各类教师培训，通过增进与企业的交流提高实践操作水平，丰富个人对"双师型"教师以及应用型人才培养的了解，重新进行自我定位，正确认识"双师型"教师的职责所在与光荣使命，提升职业认同感。

二、提高"双师型"教师队伍的"双师"素质

以"双师"素质为标准，提高高职院校"双师型"教师队伍质量的建设目

标。"双师型"教师的"双师"素质不仅要求掌握基础知识，还要求专业理论课与实践课教师能够熟练掌握职业指导的有关理论与方法。事实上，职业指导是全面联结与沟通职业教育和劳动就业的一种重要纽带和桥梁，有利于实现高职院校的具体培养目标。所以，高职院校的职业指导一定要全面贯穿、渗透在教育教学的各个环节之中。高职院校的每一位教师都应担起这项责任，尽心尽力地做好这份工作。

我国高职院校"双师型"教师专业素质内容逐渐完善，"双师型"教师专业理念逐渐凸显高职特色，专业知识结构逐渐丰富，专业能力由注重教师的专业实践能力走向专业实践能力和教育教学能力并重，且逐渐注重教师的研究创新能力和社会服务能力，但也存在着师德建设有待提升等问题。因此，为进一步提升高职院校"双师型"教师专业素质，不仅需要继续推动教师专业理念、专业知识、专业能力等方面的建设，还要加大教师师德建设力度。

第一，加强"双师型"教师专业理念建设。教师专业理念是教师对相应职业和行业的理性认识，加强教师专业理念建设是提升教师专业素质的基础，也是实现人才培养目标的重要一环。因此，相关部门要重视"双师型"教师专业理念建设，将专业理念建设作为提升"双师型"教师专业素质的重要任务，以促进"双师型"教师形成先进的高职教育专业理念。其一，要引导"双师型"教师深化对高职教育的认识，将高职教育的特色融入"双师型"教师专业理念价值体系，同时要结合高职教育发展的时代特征和行业企业的实际需求，与时俱进更新"双师型"教师专业理念，引导"双师型"教师树立知行合一的职业教育思想、开拓创新的职业精神、专业与职业协同发展的意识。其二，要鼓励高职院校为"双师型"教师专业理念建设创造有利条件，营造良好氛围，通过多种途径组织"双师型"教师在教育教学、应用研究、社会服务等方面进行学习交流和研讨反思，促进"双师型"教师形成凸显高职特色的教育教学观，不断提升教师的专业素质。

第二，加大"双师型"教师师德建设力度。评价教师队伍素质的第一标准应该是师德，要将师德建设放在教师专业素质结构的首要位置，鼓励和号召高职院校"双师型"教师践行崇高师德风范，落实立德树人根本任务。我国高职院校需进一步结合时代发展需求和职业教育教师的特征，制定适宜的职业教育教师师德准则，以促进高职院校教师师德建设工作有章可循。要加强高职教师师德建设宣传力度，广泛开展高职教师师德楷模和典型案例宣传工作，鼓励高职院校开展师德师风主题教育，在高职院校营造崇尚师德的浓厚氛围，引导广大"双师型"教师以德立身、以德立学、以德施教、以德育德。要完善"双师型"教师师德建设保障措施，对于"双师型"教师师德不端的行为，相关管理部门和责任主体应做出明确的处理办法；对教师师德不端行为的惩罚执行也应建立相应的跟踪制度，以切实保障"双师型"教师师德建设的顺利进行。

第三，优化"双师型"教师专业知识结构。我国高职院校"双师型"教师队伍建设对教师专业知识的要求涵盖了专业理论知识、专业实践知识、高职教育知识等方面。这也表明我国已经形成了较为完善的"双师型"教师专业知识结构。为进一步加强和巩固我国高职院校"双师型"教师专业知识水平，要继续优化和完善教师专业知识结构，探索制定"双师型"教师专业素质准则，结合"双师"素质要求和行业发展需求细化教师专业知识的指标，以形成较为完备的专业知识结构体系；要积极促进"双师型"教师专业知识一体化建设，形成专业理论知识、专业实践知识、高职教育知识之间互动与衔接的机制框架，促进"双师型"教师的专业知识向专业能力转化；要出台相应的政策，支持和鼓励"双师型"教师完善专业知识结构，通过在职培训、企业实践、出国研修等方式进行专业知识学习，以促进其专业理论知识、专业实践知识、高职教育知识的积累和掌握。

第四，强化"双师型"教师专业能力建设。专业能力建设是"双师型"教师专业素质提升的重点内容，"双师型"教师不仅要具备专业实践能力和教育教学能力，还要具备相应的研究创新能力和社会服务能力，以更好地发挥"双师型"教师作为高职人才培养主力军的作用。我国高职院校"双师型"教师政策正在由注重教师专业实践能力走向专业实践能力和教育教学能力并重，并且也逐渐注重对教师研究创新能力和社会服务能力的提升。我国高职院校"双师型"教师专业素质提升计划逐渐深入进行，不断强化"双师型"教师专业能力建设，为"双师型"教师教育教学能力和专业实践能力的提升提供保障，鼓励和推动高职院校建立"双师型"教师能力拓展中心，制定高职院校"双师型"教师专业能力建设中长期发展规划，将教师教育教学能力、专业实践能力的提升作为重点任务。高职院校要搭建教师专业能力展示平台，以技能大赛、实践教学展示活动、优秀课堂评比等多样化的活动为平台展示其教师的"双师"能力，从而促进"双师型"教师教学能力和专业实践能力的提升。各地政府要出台鼓励"双师型"教师提升研究创新能力和社会服务能力的政策，为高职院校"双师型"教师开展应用研究和社会服务提供机会和条件，从而调动"双师型"教师研发和为社会服务工作的积极性和主动性，促使"双师型"教师不断提高自身能力。

三、突出"双师型"教师队伍的职业教育特色

结合高职院校"双师型"教师队伍结构的现实情况，以职业教育特点为依据，确立师资队伍的目标；对于专任教师尤其是青年教师，需要全面制订相应的培养计划，使培养出的专任教师具有较强的实践能力，以此来进一步加强专业带头人以及骨干教师的培养力度；大量引进具有硕士及以上学位的专业教师人才，提高年轻教师中具有研究生学历或者硕士及以上学位教师的人数；对职称的评定工作需要进一步加强政策的指导，对于一些新开设的专业要求具有高级职称的教师担任。通过制定科学的政策，采取有效的措施，尽可能地从企业或社会上其他一些行业中招聘一批具有高级专业技术方面实践工作经验的人员。工匠精神引领高职院校"双师型"教师队伍还要培养专业带头人、骨干教师和技术技能大师。"双师型"教师队伍的师资培养过程是培优的过程，目标是培养具有高等教育与职业教育特点且专业能力与实践动手能力俱佳的教师，集学校与社会的人才资源于高职院校，建设优秀的"双师型"教师队伍。

随着社会的发展，国家越来越重视职业教育，受教育者为了长远的发展必然要不断地学习，通过长久的学习来获取新的知识与技能。因此，必须认识到职业教育不仅仅是学习技术，同时也要加强基本的理论知识学习，要在职业教育中加入道德品质、思想政治理论、职业规划等内容，从而培养全面发展的技能型人才，使职业教育发展成为一种具有全民性质的教育形式。

四、健全"双师型"教师队伍的保障机制

"双师型"教师不仅具有丰富的理论基础知识，同时还熟练掌握了专业的实践知识，比普通教师承担着更多的教学实践工作任务。所以，高职院校的管理者需要制定出科学、合理、有效的激励政策，提高"双师型"教师的工作积极性和科研能力；要推进人事分配制度的全面改革，进一步做好并落实全员聘任制；要努力做好校内分配管理制度方面的改革，全面落实以工作岗位来定薪酬的政策，通过优劳优酬的详细分配管理制度，全面构建出"可进可出、可上可下、可高可低"的灵活激励措施。从具体的制度上、政策导向上来看，高职院校需要积极地开展好"产学研"活动，尽可能地向"双师型"教师方面倾斜。制定的政策措施不但要看得见，而且能摸得着，使广大教师能够积极地参与到"产学研"活动中来。

高职院校应着力于创新教师评价激励机制，构建以绩效管理和目标考评为重点的教职员工绩效工资动态调整机制，以促进教职员工的多劳多得、优绩优酬。这一评价激励机制强调的是对教师的评价，以能力、绩效为导向，优化教师的评

价方式，使教师的评价机制更加合理、高效。面对战略性新兴产业和先进制造业对高素质人才提出的要求，以培养高层次技术技能人才为目标的高等职业教育也对职业教育教师能力素养提出了新的要求。高职院校应依据相关规定，推进教师薪酬制度改革，建立健全教师激励机制，完善教师收入分配制度。高职院校可根据教师不同的工作岗位职责、工作业绩和年度考核结果进行绩效分配，设计以教育教学、人才培养、科研创新、学科建设等为内容的"保基础、重质量、奖实绩、促公平"的绩效分配方案，形成"按劳分配、多劳多得、奖勤罚懒、优绩优薪"的激励导向，以加大教师薪资绩效供给，提高教师待遇保障，给予教师有力的物质支持和精神激励，充分发挥教师绩效分配在职业教育教师发展过程中的激励作用。同时，应强化教师主体地位，在教师评选表彰、岗位晋升、绩效考核与职称评定等方面对领军人才、业务骨干、业绩突出者、"双师型"教师等予以足够的倾斜，也可将教师在教学创新、技术研发、校企合作、技能大赛等活动中所获得的成果按照一定的标准合理转化为物质奖励，不断加大教师专业成长的物质保障力度。高职院校通过一系列激励措施，满足教师职业发展的基本保障需求，在一定程度上可减轻教师的生活压力，增强教师的成就感、荣誉感与幸福感，进一步激发教师更高层次的成长需求，增强其自身发展与服务社会的内生动力与创造活力，进而加强师资队伍的稳定性。

高职院校还应注重建立健全教师职前培养、入职培训和在职研修体系。这里强调的是教师的专业发展，既要从职前培养开始，又要在入职时和入职后进行。学校要建立教师发展中心，根据高职院校的特色和现实情况，对高职院校"双师型"教师队伍展开培训，保障高职院校"双师型"教师队伍建设的稳步发展。

第三节　工匠精神引领高职院校"双师型"教师队伍建设策略

一、国家层面

（一）健全准入机制

"双师型"教师的认定标准是衡量教师能力素养水平的重要尺度，是推动教师队伍专业化发展、提高人才培养质量、促进职业教育持续发展的关键要素。职业教育发达国家已经建立了系统化的教师专业标准，而我国国家层面的"双师"

资格认证标准体系建设仍处于摸索阶段，因此，要加快教师专业标准体系建设步伐，不断规范教师资格准入等环节。国家教育部门应根据工匠精神引领高职院校"双师型"教师队伍建设和发展需求，建立具有职业教育特色的分层分类的"双师型"教师认定标准。

首先，基于"双师型"专业发展的差异性与动态性特征，以良好的职业道德与职业素养、扎实的专业知识与专业能力为重点，制定"初、中、高"三级分层递进式"双师型"教师资格认证标准，以提高高职院校"双师型"教师认定标准体系的系统性、逻辑性与规范性，充分发挥"双师型"教师资格认证标准体系的引领和支撑作用。其次，在工匠精神引领高职院校"双师型"教师资格认定过程中，可增加以笔试、实践教学、结构化面试等形式为主的实际考核流程，适当改变以审核资料为主的认定机制，这将有利于提高教师资格认证的实效性。最后，应立足于教师持续发展理念，全面落实工匠精神引领高职院校"双师型"教师资格再认证工作，实行"双师型"教师资格定期检查或到期重新申请与认定制度。

工匠精神引领高职院校"双师型"教师队伍建设必须完善高职师资准入机制，进行一些系统化、持续性的师资培养。具体措施包括以下五个方面：

①明确准入标准：制定统一、规范的准入标准，确保招聘的人才符合高职院校的需求。

②多方参与制定标准：高职学校教师、企业专家和职业教育领域的专家应共同参与制定招聘标准，使其更具科学性和实用性。

③第三方评定组织的设立：借助第三方教育评定组织进行公平公正的评定，以提高招聘的透明度和人才质量。

④过程导向的资格认证：教师定期接受资格能力的审查，未通过者需进行培训。以这种方式鼓励教师持续学习和提高专业能力。

⑤标准研制团队的组建：由专业人员、行业专家、职业教育专家等组成团队，制定"双师型"教师认定标准。

（二）提供政策倾斜

工匠精神引领高职院校"双师型"教师队伍建设的质量提升是一项艰巨的任务，从国家到社会各界都需要给予高度的重视和全力的支持。"双师型"教师队伍建设与国家的高度重视密不可分，需要国家体制、政策、经济等各方面的扶持。国家应该尽快出台工匠精神引领高职院校"双师型"教师认定的新标准，让高职院校教师队伍建设有章可循。高职院校应配合政府及时建立起"双师"素质教师资格认证准入政策，在实施中不能流于形式，而要把好入口，以确保高职院校"双师型"教师具备必要的资格同时也能与普通教育的教师资格标准加以区别。

（三）舆论宣传导向

我国应强化对工匠精神的社会认同，在全社会营造尊重劳动、尊重技术、尊重创造的社会氛围，让工匠精神从目前的国家重视最终成为每个人的职业追求和价值认同。

大众媒体应发挥自己独特的传播作用，广泛宣传大国工匠创造的社会价值和优秀"匠人"文化，如德国的"双元制"与精益求精等，通过宣传国外优秀工匠文化，为我国本土工匠文化注入新鲜血液，逐渐改变社会大众的传统观念，在社会上营造出全民学习工匠精神、全民尊重大国工匠的氛围。国家及各行各业应大力表彰具备工匠精神的典型人才，设置"感动中国十大工匠"等荣誉颁发给行业优秀技能人才，组织各式各样的宣传活动来展示优秀工匠的风采，引导社会各界创作优秀文艺作品来赞美"感动中国十大工匠"，在校园中开展"有奖征文"活动和主题演讲活动等。

我国正处于发展的关键期，广大劳动者发挥着重要作用，高素质的劳动者对于经济社会高质量发展有着重大的意义。在工匠精神引领下，全社会应关注劳动者，崇尚劳动，将工匠精神与劳动者所从事的工作相融合，发挥出工匠精神的价值，从而培养国家发展需要的高素质劳动者。要在社会上形成崇尚劳动的社会风气，就需要解决劳动者稳定就业的问题。完善就业促进法律制度，促进劳动力资源科学配置与就业动态稳定。要尊重技能型人才，提高技能型人才的社会地位，让普通劳动者也可以获得社会认同，提升劳动者的幸福感。要把崇尚劳动的观念与国家的教育体系相结合，让"劳动光荣、劳动伟大"的观念成为主流价值观，培育高素质的具备工匠精神的高职院校"双师型"教师队伍，发展新的力量。

随着互联网的飞速发展和社会媒介的普及，大众媒体对人们的生活方式产生了巨大影响。工匠精神可以将其作为宣传载体，充分发挥社会主流媒体的氛围营造作用，引导全社会积极学习与传播工匠精神。社会主流媒体对于爱岗敬业、勇于奉献、守正创新的优秀"匠人"进行大力宣传，不但传播了社会正能量，让其典型事例深入人心，而且通过积极、阳光的舆论导向影响到人们的日常生活，营造出整体向上的社会氛围。新时代，各种微平台的宣传可以拉近工匠精神与人们日常生活的距离，微信、微博、各个短视频 App 等社交平台都可以作为树立典型模范的新平台。以抖音为例，其开展的微电影大赛征集了生活在我们身边的优秀劳动者的工作生活剪影，他们的身体力行使工匠精神生动形象地呈现在人们的视线中；微博中工匠精神相关话题的讨论，吸引了无数人寻找身边的"大国工匠"。这些微平台的活动借助生活中的小事发挥匠人榜样的力量，加大了工匠精神的曝光度，为工匠精神引领高职院校"双师型"教师队伍建设营造了一个清朗的网络环境。

在国家层面上对工匠精神引领高职院校"双师型"教师队伍建设进行导向型宣传才能引起全社会对职业教育和高职教师的理解和重视。对工匠精神的大力宣传可以减少浮躁的社会风气，让高职院校"双师型"教师有一种踏实稳重又积极进取的价值观取向；对高职教育办学特色进行宣传，能让社会对高职"双师型"教师和高职学生有认同感，提高高职院校"双师型"教师的社会地位，让高职院校"双师型"教师都以工匠精神为引领，有高度的自我认同感，发挥高职院校"双师型"教师的内驱力。

（四）专项资金支持

工匠精神引领高职院校"双师型"教师队伍建设需要专项资金支持，为教师的引进、培训、激励和发展提供充足的物质保证。第一，充分发挥高职院校的办学主体作用，落实国家高等院校财政投入要求，保证高等教育经费总投入稳定增长；第二，在经费投入稳定增长的基础上进一步突出改革导向，加大转移支付力度，设立转型发展特殊时期的"双师型"教师队伍建设专项资金，用以建设实践实训基地、扩大实践教学投入、增加挂职锻炼指标、聘请企业兼职教师等；第三，加强监督，采取定期巡视、开通投诉举报渠道等方式，保证资金使用到位，实现专款专用，让高校在教师转型工作上不再捉襟见肘，满足工匠精神引领高职院校"双师型"教师队伍建设的物质需求；第四，做好高职院校毕业生就业创业工作，为毕业生创造更多的就业机会，同时给予符合条件的毕业生合理的社会保险补贴和职业培训补贴。此外，政府应该充分发挥其统筹安排的作用，在实现高职学生有资格参与公务员、事业单位招考的同时，积极落实"三支一扶"大学生基层就业计划，给予高职学生一定的政策就业补贴。

在工匠精神引领高职院校"双师型"教师队伍建设中，足够的资金是推动教师队伍建设顺利开展的重要基础，也是保证教师队伍建设高效实施的关键。因此，政府必须扩展资金的来源途径，建立多元化资金保障机制。政府部门应制定配套的政策措施，明确规定高职院校和企业应该承担的社会责任。同时政府也要制定相应的鼓励优惠政策，给予参与高职师资培训的企业以相应的税收优惠政策和政府融资补贴，多方协作帮助高职院校克服资金来源途径狭窄、地区分布不均衡等问题。政府在加大财政投入的同时，也应该准许企业、行业、事业单位、私人共同办学，尤其要充分调动企业开办职业教育的积极性，用法律条文来明确企业的责任与义务。政府也可以对一切出资参与职业教育培训的主体采取税收优惠政策，以便建立多渠道办学的机制。

二、学校层面

高职院校"双师型"教师队伍是高职院校教学得以迅速发展的基础保障，提升"双师型"教师在整体教师队伍中的占比对于践行工匠精神有至关重要的作用。高职院校应该积极出台一些提升专任教师实践操作技能的配套制度，鼓励专任教师定期赴企业实习锻炼，让教师了解并掌握最新的就业动态，满足社会对于技术技能型人才的要求。

（一）重塑办学理念

工匠精神引领的高职院校办学理念主要表现为打造师德高尚、技艺精湛的教学团队，弘扬工匠精神。清晰的团队建设理念是取得良好团队协作效果的前提，以工匠精神引领高职院校"双师型"教师队伍建设，有利于发挥教师教学团队的示范引领作用，激发每位教师的潜力。高职院校应鼓励教师进行创新教学，实现工匠精神引领高职院校"双师型"教师队伍建设教育理念的拓展和优化。当然，在团队建设中，要充分利用相关资源提高教师的专业技能，如利用大数据监测教学过程，进行资源共享，实现信息技术与教育教学的融合创新，真正打造一支高素质高水平的教学团队；利用行业技能竞赛盘活现有教师资源，全面提升教师的教学、培训和评价能力，增强教学团队的改革创新意识和凝聚力，推动高职院校教学模式创新，推动我国职业教育的国际化发展。高职院校应加强思想政治和师风师德培训，弘扬大国工匠精神，用习近平新时代中国特色社会主义思想铸魂育人，寓价值观引导于技能培训和能力培养之中。

1.德技并重理念

在以就业为导向的办学理念引导下，可能会导致教师在教学过程中轻视学生人文素养的提升。以工匠精神引领高职院校"双师型"教师队伍建设必须兼顾德育和技能培养，这也是高职院校在办学理念上的工匠精神体现。高职院校应该审视自己的办学理念，做到德技并重、理实一体，学历和素质相匹配。这种发展理念能对高职院校"双师型"教师的职业操守、人文素质的培养产生潜移默化的影响。

2. 精业创新理念

高职院校必须重视培养师生的精业创新理念。精业创新也是工匠精神的重要体现之一。精业创新理念是指高职院校突出培养教师和学生的精益求精的从业态度及勇于创新的精神。只有精业才能敬业,只有精业才能创新。随着我国经济发展和社会需求的不断变化,尤其在我国推行大国工匠发展、创新创业发展的大背景下,要想培养"双师型"教师队伍的创新精神,高职院校的办学理念就要进行转变,逐步进行精业方面的办学理念重构,彻底改革统一化、模式化、灌输式的人才培养方式,多采用鼓励式、启发式、体验式的人才培养方式。高职教师更要注意在教育的全过程中培养学生的创新精神。

3. 终身学习理念

以工匠精神引领高职院校"双师型"教师队伍建设,要完善科学有效的教师队伍建设长效机制,紧跟中国教育教学改革的步伐,不断优化教师队伍,全面提高教师的职业教育素养、专业理论水平与技能教学能力。高职院校的教师直接面向社会、企业的用人需要培养人才,则企业行业的技术也不断更新迭代。作为集理论知识与实践技能技术于一体的高职教师,应该敏锐地洞察企业行业的生产需要,不断更新自己的知识与技能储备。虽然不能强制要求教师的知识与技能先于企业行业的需要出现,但是对于企业行业出现的问题,教师经过一段时间的消化后,应能够提出解决问题的应对策略,并且将这种新知识、新技能传授给学生。唯有如此,培养出的学生才能适应社会的需要。高职院校"双师型"教师队伍的综合素质在整个教学生涯中持续不断地变化着。高职院校应鼓励高职教师践行终身学习的行为习惯,这样的办学理念才能与工匠精神引领高职院校"双师型"教师队伍建设相呼应。

(二)鼓励教师深耕课堂

高职院校要想把教学理念落实到工匠精神引领高职院校"双师型"教师队伍建设上,必须鼓励教师深耕课堂。而课堂教学质量的评价方式除了学生的定期评定,各类技能大赛也是评价教师教学能力的有效方式。校外的大赛种类和参赛人数毕竟是有限的,所以学校应积极组织各类校内比赛,以赛促建、以赛促学。

1. 教学能力大赛

高职院校最核心的还是课堂教学活动,教师的教学能力提升才是关键。高职院校提升教师教学能力的核心应该落实到培养真正的具有"双师型"能力的教师上，所以要积极创新校内教学能力大赛的形式，如课堂讲课比赛、教案编写大赛、实验实训大赛等。此外，除了教师个人职称评定，学校还应该按照不同层次、不同年龄段的标准，为教师设置具体的教学创新能力提升目标，这个目标既可以让教师走出舒适区，也不会产生压迫感。这样张弛有度的比赛氛围才能更好地激发"双师型"教师教学能力改革和创新的积极性。

2. 校本课程开发大赛

校本课程具有明显的学校特色，可以弥补国家课程的不足。在信息时代长大的一代更需要具有明显个性化、个体差异化的课程，这样才能培养学生的个性和创新精神。学校可以组织开展人文素质课程、思想政治课程、工匠精神融入专业课程等方面的校本课程或者校内课题的研究，提高高职教师开展工匠精神与其他教育理论相结合的研究兴趣，让教师在无形中自主学习与工匠精神相关的理论，并内化成自身的价值观。

3. 信息化教学能力大赛

在信息化社会中，大数据发展迅速，各行各业都依托网络平台进行改革升级。新兴事物要契合社会发展的需要才能发展壮大，教育也应该借助信息时代的力量，促进自身的升级换代。"互联网＋教育"的出现使高职院校教师可以走到哪里学到哪里，且有更多可选的对象进行学习，使学习内容更多样化。"互联网＋教育"是适应时代变化而产生的新型学习手段，教师应该积极适应，充分发挥主观能动性，树立终身学习理念，不断地完善自我。

随着信息技术的迅速发展，其对高职教育教学方式带来的影响也会越来越大，这也给以工匠精神引领高职院校"双师型"教师队伍建设提出了一个巨大的挑战。适应信息技术发展的趋势，提高信息化教学能力，成为对高素质"双师型"教师的一个重要考核标准。学校层面要加大对"双师型"教师信息化教学能力提升方面的培训，通过多种形式的比赛提高高职院校"双师型"教师的信息化教学能力，促使他们积极创新授课方式。这也是工匠精神进课堂的有效体现。

（三）优化教师培养培训方式

我国高职院校"双师型"教师的培养培训方式取得了重大进步，越来越多元化，教师到企业实践的制度逐渐完善，职业教育教师培养培训基地日益增多，校企合作培育师资逐渐受到重视，但也存在着企业及其管理部门参与度不够、教师自主培养重视程度有待提升等问题。优化高职院校"双师型"教师培养培训方式，可以着重做好以下几个方面的工作。

1. 进一步推动校本培养培训

高职院校作为促进"双师型"教师专业素质提升的重要责任主体，在教师培养培训工作中发挥着重要作用。当前，高职院校对校本培养培训的重视逐渐加强，但其整体发展较为缓慢。因此，相关教育行政部门仍需加强顶层设计，建立起一套较为完备的校本培养培训制度。

首先，统一组织机构，完善培训管理制度。工匠精神引领高职院校"双师型"教师校本培训组织管理机构发挥着相当重要的作用。建立专门统一的培训组织机构是非常有必要的，并且要确保赋予此类机构一定的地位和权力，使校本培训高效、有序开展。在高职院校内部设立专门的校本培训组织机构，使工匠精神引领高职院校"双师型"教师校本培训运行规范化，强化日常组织管理秩序，保障培训工作的有效开展，如培训方案的制定、培训内容的组织等。还需要对培训负责人的职责加以明确，建立有效的专人负责制，再挑选组织管理经验丰富的教师或企业专家辅助培训负责人统筹组织校本培训，做好校本培训的组织管理工作，为简约高效开展培训工作打好基础。工匠精神引领高职院校"双师型"教师校本培训的有序高效开展离不开企业的参与，管理制度也需突出企业特性。高职院校要与企业联合更新培训理念。组织管理培训仅仅靠院校的力量是不够的，因此高职院校要制定培训目标，组织培训资源，确定培训内容，提供培训保障，还要联合企业创新培训制度，组织好校本培训所需的各种资源。高职院校要对培训过程需要遵循的一系列原则加以规范化、制度化，做好权责分配，规范校本培训制度，将校本培训管理制度与高职院校的长期规划发展相结合，按照计划开展校本培训。

其次，从职前"双师型"教师校本培养培训层面来看，要加强高层次职业教育"双师型"教师培养培训的政策引领作用。教育行政部门要完善职前教师培养培训体系建设的政策，健全"本、硕、博"相互衔接的职业教育教师培养培训体系，细化相关政策规定和实施办法，在培养目的、课程与教学体系、毕业标准等方面形成具体的规定，使"双师型"教师培养培训工作有章可循。

再次，从入职后教师校本培养培训层面来看，相关政策要支持高职院校通过以老带新的模式来促进新入职教师的发展，充分发挥专家、名师的作用，还要鼓励高职院校通过专题培训、专题讲座、校际观摩等手段来对"双师型"教师进行培养培训，以提升其专业素质。同时相关政策要进一步完善高职院校"双师型"教师职后培养培训方式，鼓励高职院校展开弹性教师培养培训计划，针对教师个体采取周期性的培养培训规划，针对不同专业和学科的教师灵活采用不同的培养培训方式，以提高"双师型"教师职后培养培训的质量。

最后，工匠精神引领高职院校"双师型"教师校本培训可以采取企业融入的方式，根据培训内容的不同，组织教师融入与培训内容相关的企业，在企业中进行实践调查和实践操作，提升教师的综合素质，丰富教师的理论知识，着重提升教师的专业实践能力。此外，高职院校还可以"请进来"各行各业的技术专家，对教师进行专业化指导，通过让教师和专家互相交流，丰富教师的知识，提高教师的学习能力和合作能力。工匠精神引领高职院校"双师型"教师校本培训也可以采取相互学习的方式，新教师入校后与"双师型"教师形成"师徒型"组合是最常见的现象。此外，还可以利用不同专业领域教师的差异进行互补训练，相互学习，以达到共同进步的目的。工匠精神引领高职院校"双师型"教师校本培训还可以采取科研带动的方式，高职院校给教师下发与服务企业相关的各种课题，让教师承担教学和研究工作，在具体研究课题的过程中，可实现"双师型"教师专业能力的提高和教学科研成果的转化。当然，培训不局限于上述形式，也可采用知名专家线上讲座、网络课程专题的形式。总之，要随着培训内容的不同不断丰富、创新培训形式，使其多样化、灵活化，充分发挥不同培训形式的优势，保证培训效果达到最佳。

2. 加强对教师企业实践的支持

我国高职院校"双师型"教师企业实践制度逐渐完善，但仍存在着企业及相关管理部门参与度不够的问题。因此，相关部门要继续完善高职院校"双师型"教师的企业实践政策，提高企业在"双师型"教师培养培训工作中的积极性。在高职教师赴企业进行生产实践期间，企业应该拥有自由支配和分配教师劳动力的权利，从而促进企业对教师培养培训工作的有效实施和管理。教育行政部门在制定教师培养培训相关政策时，要充分听取工业和信息化部、国务院国有资产监督管理委员会等企业管理部门的建议，调动相关企业管理部门的积极性，提高其参与程度，以提高教师企业实践工作的针对性和适切性。为保证高职教师企业实践的实效性，要建立起相应的保障机制和监控措施。对于教师在企业实践过程中所产生的合理支出，政府应该给予相应的补贴；对于企业因接受教师实践而产生的费用，政府不仅要对企业应纳所得税给予相应的减免，还要通过其他方式给予相应的经济补偿。同时还要建立一套训前审核、训中监控、训后评价相衔接的教师企业实践工作的监控措施，以确保教师赴企业实践锻炼的质量和效益。

3. 完善基地培养培训的政策保障

职业教育教师培养培训基地是加强高职院校"双师型"教师队伍建设的重要

平台。改革开放以来,我国基地培养培训模式逐渐完善,基地培养培训也已成为我国高职院校"双师型"教师专业素质提升的重要方式。但职业教育教师培养培训基地建设仍存在培训规模、结构、质量、效益与职业教育发展的整体要求不适应等问题。因此,相关政策仍需继续加强职业教育教师培养培训基地建设,推动职业教育"双师型"教师培养培训基地专业化、专门化发展,依托培训项目建立并完善基地的教学、研究、评价、保障制度,推动基地向工作职能化、培训专门化、服务专业化方向发展;要做好基地培养培训的政策保障和支持工作,加大对基地建设的投入,在职业教育经费中设立专项基地建设资金,优化和完善基地的培养培训设施,同时要探索建立职业教育教师培养培训的专门管理和服务中心,以加强对基地培养培训的统筹规划和监督管理。

4.创新"双师型"教师队伍培训模式

工匠精神引领的高职院校"双师型"教师队伍培训新模式应以我国高职院校"双师型"教师政策执行中的师资问题为导向,设计科学性和操作性兼备的"双师型"培训课程,规定专项培训或者全员培训内容的要求和目标,探索新型小班化培训模式,强调培训的探究性、互动性和实用性。工匠精神引领高职院校"双师型"教师队伍建设应与国家职业教育改革新趋势相融合。以目前我国高度重视的1+X证书试点改革为例,该试点制度要求学生在高职毕业时能获得多项技能证书,为今后的就业打下良好的基础。这项新制度无疑对高职院校"双师型"教师的专业技能等素质提出了更高的要求,因此,"双师型"教师队伍培训可与其进行对接,设计符合1+X证书试点师资要求的培训,为该制度的推广提供师资力量保障。

5.继续巩固校企合作培养的重要地位

校企合作是高等职业教育持续发展的必然要求,也是工匠精神引领高职院校"双师型"教师队伍建设的重要依托。为此,高职院校"双师型"教师培养培训工作需要与企业建立密切的合作关系。改革开放以来,我国高职院校对校企合作培养教师的重视程度逐步提高,校企合作培育"双师型"教师也取得了长足的进步,逐步形成了较为完善的校企合作培养机制。因此,教育部及其相关部门仍需进一步健全和完善校企合作培养师资机制,发挥政府的主导作用,探索建立校企合作培育"双师型"师资平台,由高水平高职院校和中等规模以上的企业牵头成立职业教育教师培养委员会,由培养委员会负责制定校企合作"双师型"教师的培养目的、课程、教学等内容,并对"双师型"教师培养过程进行监控和评审,以提升校企合作培养教师的质量。相关政策要明确校企双方的职责和义务，根据校企双方的能力范围，建立"分工＋合作"的校企合作师资培育工作机制，促进校企资源共享、成果共赢、优势互补，推动校企双方建立长期的合作伙伴关系，以发挥校企协同培育"双师型"教师长效机制的作用。

6. 大力宣传和培育教师自主培养意识

教师专业素质的提升需要教师充分发挥自身的主观能动性，以实现其专业自主发展。相关政策对高职院校"双师型"教师自主培养关注不够，仍需加大对教师自主培养的鼓励和支持，为"双师型"教师自主培养提供政策保障。因此，对于相关教育行政部门来说，需要不断完善高职院校"双师型"教师自主培养的支持体系，要在高职院校"双师型"教师队伍建设的预算中有计划地增加"双师型"教师职前和职后的培养培训经费，通过经费保障给予教师在自主培养过程中的基础性支撑；鼓励高职院校设立教师专业发展中心，组织开展省级乃至国家级的教师专业发展示范研讨活动，搭建"双师型"教师专业成长交流互动平台，为"双师型"教师在教育教学、学术研究等方面提供相应的技术支持和专业服务，激发教师的专业自主意识；要在尊重和遵循"双师型"教师专业发展规律的基础上，制定并完善推动"双师型"教师专业成长的相关政策，加大"双师型"教师自主培养的政策支持力度。

（四）制定激励制度

当今，我国建筑界、工艺美术界已经存在奖励表彰制度，如"鲁班奖"、工艺美术界的"金奖""银奖"等，但奖励保障措施不多，制度不够完善。因此，可以借鉴这些奖项的形式，设置优秀工匠技艺、工匠精神的奖项，对高职院校"双师型"教师队伍实行专门的奖励制度，表彰在高职院校教育教学中具有杰出贡献的人物，鼓励具有突出贡献的教师，激励其他教师不断向杰出教师靠拢。同时，政府应加大人力和财政投入力度，主动关心教师的生活，对于那些德才兼备的"双师型"教师要授予荣誉称号，提升他们的社会地位，保障教师的权益，从而建立更加完善的优秀技艺表彰奖励制度，促进工匠精神引领高职院校"双师型"教师队伍建设。

晋升激励制度就是通过职位的晋升来激励"双师型"教师，从而调动"双师型"教师的主动性。在高职院校"双师型"教师队伍建设的过程中，应该合理地采用晋升激励制度。对于在工作中有突出贡献的杰出"双师型"教师，可以通过所在工作岗位的职位晋升来肯定他们做出的贡献，提高他们的社会地位，激发他们的工作潜能，提高他们的待遇，这有利于解决"双师型"教师面临的现实问题。高职院校"双师型"教师在教学工作中做出了巨大的成就，就应该给予重要的物质激励，这不仅能保障他们的生活，同时还能增强他们的荣誉感，使"双师型"教师更加专注于工作，也有利于鼓舞其他"双师型"教师努力工作。"双师型"教师需要承担来自家庭各方面的责任与义务，也需要来自物质方面的支持，要从制度层面给予保障。因此，政府通过提供科学的晋升制度为"双师型"教师提供合理的支持，调动他们的积极性，激励他们实现自身价值。学校可以为"双师型"教师提供合理的技术津贴、岗位津贴、财政补贴等，来保障他们的生存需要，只有处理好基本需求问题，才能使他们有更多的精力从事教育事业，一心一意地工作，提高教学质量。学校应根据实际情况出台相关政策，健全保护"双师型"教师权利的制度，建立合理的薪酬制度，从制度层面维护"双师型"教师的权利。用完善的晋升激励制度来保障"双师型"教师的利益，可以提升教师的社会地位，提高教师的工作效率，使他们在工作中展现能力，把工作做到极致。工匠精神引领高职院校"双师型"教师队伍建设应利用好这一机制。

（五）制订科学合理的人才计划

《国家职业教育改革实施方案》提出，要探索组建高水平、结构化教师教学创新团队，教师分工协作进行模块化教学。选拔什么样的教师进入教师队伍，关系到教师队伍整体的水平。工匠精神引领高职院校"双师型"教师队伍建设要完善教师招聘、专业技术职务评定和绩效考核标准，强化专业教学和实践要求。高职院校应加快制定人才引进办法，拓宽教师聘任渠道，完善准入机制，聘请有较高学术成就和丰富企业实践经历的高技能人才、能工巧匠来补充兼职教师队伍，保证教师来源多元化。还可以邀请已有的企业一线兼职教师参与专业教学研讨、课程标准制定、指导专业教学改革等活动，真正实现专兼职教师混合搭配、混合教学，从而真正建设一支能准确把握工匠精神引领高职院校"双师型"教师队伍建设内涵和理念，精准掌握工匠精神引领高职院校"双师型"教师队伍建设职业技能等级标准和专业教学标准，适应社会发展需求，业务技能过硬，充满活力的"双师型"教师队伍。

1. 制定明确的选拔标准

高职院校要积极与企事业单位、科研机构、优秀高校、人才市场等多渠道建立密切联系；按照明确的标准、正规的流程严格选拔教师，选定拟聘教师后，还应该对其进行与企业类似的"实习期考察"，对其思想政治状况、专业理论和实践技能水平等方面进行一段时间的观察和评估，考察期结束后评价优良的教师才能最终经过高职院校人事部门的确认，经主管院长的批示，成为正式聘用教师，签订劳动协议。这种严格的选拔制度在人才引进中践行了工匠精神，像秉持工匠精神制作工艺品一样，选材是关键的一个环节。高职院校要保证兼职教师队伍个个都是精兵强将，为高职院校的教师专业能力发展以及兼职教师队伍的管理打下良好的基础。

2. 进行多种形式的培训

"匠人"的立身之本就是精湛的技艺，深厚的技艺标准体现的是对行业极深入的研究，这与"双师型"教师队伍建设中的理论和实践能力复合型人才培养标准相符。"双师型"教师在传授学生知识和技能的同时，也要注重对学生工匠精神的培育。教师将专注、认真、精益求精变成本身的特质，在对学生的言传身教中促进学生学习和体会工匠精神。"双师型"教师必须不断学习，不断更新自己的知识结构，与时俱进地学习最新的专业技能。国家和高职院校应给"双师型"教师提供培训交流的机会，让高职院校"双师型"教师不断接触新事物。一是职前培训，在入职前对"双师型"教师做理论教学、实践操作、工匠精神等方面的培训，再用说课、实践、评价表等方式进行评价；二是学校定期对教师进行培训，培训必须按照一定的要求进行；三是企业培训，学校定期让教师去企业学习，接触最新的行业发展动态，了解最新的行业需求、行业标准；四是国际交流培训，利用寒暑假给予优秀教师国际交流的机会，让教师"走出去"看一看，并"引进来"新知识。

3. 加强对教师考核评价的引导

高职院校"双师型"教师考核评价的规定应当逐渐规范化，在考评主体上呈现多元化特征，在考评标准上逐渐凸显高职特色。为进一步完善工匠精神引领高职院校"双师型"教师考核评价，下面从考评主体、考评标准、考评方式等方面提出相应的建议。

（1）建立"双师型"教师考评多元主体机制

"双师型"教师的职业特性和角色定位决定了教师评价主体的多元化。相关政策要明确"双师型"教师考评工作的参与主体，合理规定各主体间的职责，以完善高职院校"双师型"教师的多元主体考评机制。如今，我国高职院校"双师型"教师政策中教师考评主体涵盖的范围较为广泛，基本建立起了"双师型"教师考评多元主体机制，但该机制仍需进一步改进和完善。因此，相关政策要探索建立完善的高职院校"双师型"教师考评多元主体参与机制。该机制主要包括以政府相关部门为核心的宏观考评主体，以高职院校、行业组织、企事业单位、第三方组织等主体构成的中观考评主体，由专家、教师本人、学生、学生家长等主体构成的微观考评主体。各考评主体并非孤立存在的，而是相互合作、优势互补、紧密关联的。通过多角度考察"双师型"教师队伍工作情况，获得更加科学、全面、客观的考评结果反馈，以提升工匠精神引领高职院校"双师型"教师考评工作的有效性和针对性。

（2）完善"双师型"教师考评标准的制定

工匠精神引领高职院校"双师型"教师考评标准的制定要与教师专业素质要求相适应，这样才能充分发挥其考评的导向和监督功能，从源头上凸显高职教师必备的"双师素质"要求。我国高职院校"双师型"教师考核评价相关政策中存在着对教师专业知识、专业理念考评关注有待加强的问题，这会在一定程度上影响"双师型"教师专业素质的提升。因此，为进一步优化和改进"双师型"教师考评标准，相关政策要重点扩充或增加以下几个考评标准规定：

①增加高职院校"双师型"教师专业知识考评。高职院校教师应掌握与职业教育教学相关的专业理论知识、专业实践知识、高职教育知识等。相关政策应细化对教师专业知识考评标准的规定，依据教师的不同职务级别适当调控其专业知识考评的难易程度。

②适当扩充对"双师型"教师专业理念考评，结合高职教育理念和高职教师特征构建教师专业理念考评标准，以激励"双师型"教师形成先进的高职教师专业理念。

③增补"双师型"教师专业实践能力的考评，相关考评标准内容的规定不仅要体现高职院校全体教师应具备的一般性、普遍性的专业实践能力考评要求，还要对不同专业的"双师型"教师实施分类考评，并进一步细化"双师型"教师专业实践能力分类考评的准则和要求，以促进和激励"双师型"教师专业实践能力的提升。

④调整"双师型"教师研究创新能力考评，鼓励和支持高职院校加强对其教师在高职教育教学与理论研究方面的考评，适当提升"双师型"教师在应用研究、科技发明与创新等方面的考评比重。这将有利于调动和激发高职院校"双师型"教师参与应用技术研究和科技发明的积极性和主动性。

（3）改进"双师型"教师考评方式

高职院校应制定奖惩性考评和发展性考评相结合的教师考评办法。为进一步促进工匠精神引领高职院校"双师型"教师队伍专业发展，要加大改进"双师型"教师考评方式，打破以奖惩性考评为主的考评方式，强化面向教师专业成长的发展性考评方式，探索制定和实施奖惩性考评和发展性考评相结合的"双师型"教师考评办法。

一方面，要善用奖惩性考评对"双师型"教师专业成长的激励作用，在专业资格证书、专业技能证书、教学成果、应用研究成果、职业技能大赛等方面进行量化考评，并将其作为"双师型"教师职称评定和职务晋升的重要依据。

另一方面，要建立并完善高职院校"双师型"教师发展性考评办法，关注"双师型"教师的个人专业发展诉求，探索差异化、弹性化的"双师型"教师考评方式，对"双师型"教师进行分层分层考评，针对不同专业性质的"双师型"教师实施分类考评，针对不同专业发展阶段的"双师型"教师实施分层考评，将考评工作贯穿"双师型"教师专业成长的全过程，以推动工匠精神引领高职院校"双师型"教师专业素质的提升。

三、个人层面

（一）增强自我发展意识

工匠精神引领高职院校"双师型"教师自主发展是其专业发展的持久性动力。因此在工匠精神引领高职院校"双师型"教师队伍质量提升过程中，首先要深入了解每位教师的内在需求，唤醒教师自我发展的意识。在此基础上，配合相应的外部支持，使教师拥有持久、稳定的自主发展内在驱动力。

1. 树立终身学习观

高职教育的培养目标与市场发展紧密相连，当前科学技术快速发展，高职教师职前教育的理论知识和技能知识储备已不足以支撑其终身胜任本职工作。因此要求高职院校"双师型"教师要把终身学习的理念贯彻到实际工作中，通过不断学习社会先进技术，积极地参加专业活动，率先掌握新知识、新技能，使自身素质和能力得以提高，满足高职学生学习先进知识的需求。

2. 树立教师发展观

要让高职院校"双师型"教师把自己的事业置于社会发展大局之中，以发展的眼光看待自己所从事的职业教育。高职教育的人才培养目标要与未来市场的人才需求相符合，它会随着市场的变化而变化。因此，高职教育必须适应市场，课堂知识要与前沿的专业技术、岗位需求紧密连接。这一性质就要求工匠精神引领高职院校"双师型"教师树立发展的教师观，保证高职教育与市场经济发展步伐一致，为国家的发展建设奠定夯实的职业技术人才基础。

3. 树立责任担当意识

要明确高职教育在社会中的重要地位，明确高职教育对市场经济和社会建设的重要意义，提高高职院校"双师型"教师对自身职业的认同感、责任感、使命感，在高职教育改革中找准定位，履行作为教师应尽的职责。

4. 唤醒自我发展意识

工匠精神引领高职院校"双师型"教师要明确教师的专业职责与能力要求。按照自身的专业发展规划有意识地学习教师培训理论知识和培训评价技能，掌握学科教学能力、教育趋势把握能力、组织管理能力，提升自己的科研能力、信息技术运用能力、创新能力、反思与自我发展的能力。

专业交叉学习成为教师专业发展的一个必然要求。专业教师重构个人知识结构势在必行，要梳理自身的知识结构，吸纳所教专业对应职业技能等级鉴定标准中的内容和要求，筛选少量必需理论知识，挖掘更多实践性、探索性及方法性知识与技能以及各种实践项目来重构、扩充自身的知识体系。

保证学习的持续性，进行全方位学习和终身学习，在自主学习的过程中充实自己，以实际工作流程为导向，有目的有条理地去掌握新技能，拓宽教育视角。以学促教，深入一线开展实践研究，加强自身的专业拓展学习。

"双师型"教师专业发展要求教师深入一线开展实践研究。教师专业知识的建构是一个动态过程，无法仅依靠理论知识进行建构，深入行业企业进行实践必不可少，在实践中丰富自己的经验，建构培训理论知识体系与实践应用体系。工匠精神引领高职院校"双师型"教师队伍建设对新技术、新工艺、新规范的重新考量，需要教师进行实践性与反思性教学。要注重实践性知识与技能的积累，可以通过参与企业真实项目，将理论知识与实践技能进行深度融合，将技能鉴定标准与项目进行深度融合。要理解技能等级标准，将相关的技能点、知识点与日常的教学和实训活动联系起来，将对学生的培训与日常的教学技能提升结合起来，使技能等级鉴定日常化、常态化。

（二）落实自我发展行动

工匠精神引领高职院校"双师型"教师队伍建设要使教师个体综合素质有所提升，不仅要提高教师的发展意识，还要落实他们的自我发展行动。高职院校"双师型"教师要准确定位自身的能力水平，分析存在的短板和不足，做好长期发展的规划。

对于不同能力的高职院校"双师型"教师，要根据实际情况，有侧重地制定发展规划。在理论知识方面，高职院校"双师型"教师要积极学习教育教学理论知识和专业技术知识，了解国内外高职教育的发展趋势和最新动态，有效整合理论知识的内在联系，构建系统的理论知识并传授给学生。在专业技能方面，高职院校"双师型"教师要根据自身专业、社会实际条件等特征，寻找实践的可能性。高职院校专业教师可以参与当地企业的一线设计与生产工作，在提升自身专业能力的同时，也为课堂教学提供了更好的学习案例，将普通理论课堂逐步过渡为实践课堂。在教学模式上，高职院校"双师型"教师要借助现代化教学手段进行创新。随着网络的普及，延伸出了各种新型的教学工具，如何将新型教学技术和教学工具引入课堂，打造"信息化课程"，这是每位职业教育教师必须思考的问题。高职院校"双师型"教师应该更加熟练掌握先进教学技术、教学工具，打破传统的教学方式，用更贴合实际的现代化教学方式更好地指导高职学生的学习与实践。在科研能力方面，高职院校"双师型"教师要合理分配工作时间，既要保障基础的教育教学工作，也要投入相应的时间、精力保证科研工作顺利开展。学校可以定期邀请专家学者做专题讲座，对课题开展进行指导。教师个人也要加强与专家学者的交流，掌握做课题研究的方法，以此来提升自身的教育科研能力。

（三）加强师德建设

认真学习领会习近平新时代中国特色社会主义思想，树立正确的思想道德观念，自觉约束自己，不断完善"双师型"教师的基础知识和专业理论。高职院校"双师型"教师在教育教学过程中应严于律己、精益求精，做"大国工匠"精神的表率，真正为国家培养高素质的社会主义建设者和接班人。高职院校"双师型"教师要深入学习新思想、新理念，充分认识教师教育在学生职业能力培养中的重要性，创新教学模式和方法。职业教育不能普教化，也不能技能化，训育要结合。在培养学生的全过程中，高职院校"双师型"教师应始终将"知识、能力、素质"作为培养目标，在教育教学过程中要处理好理论教学的基础性、实践教学的应用性、素质教育的渗透性三者的关系，提高教育质量。高职院校"双师型"教师只有努力寻求与制度的契合点，主动提升培训能力，才能使自己顺应职业教育改革发展趋势，才能真正做到让学生在拥有学历的同时拥有自己的专长技能，满足新时代工匠精神对高职院校"双师型"教师的要求。

（四）增强专业发展主动性

作为教师群体的一分子，"双师型"教师作为"服务"的专业人员，是处在变化发展中的个体，有着无穷的发展潜力和巨大的进步空间。教师专业化理论要求教师兼为学习者、研究者和合作者，体现发展的主动性，充分发挥个性和特长：

第一，树立正确的专业发展观，看到教师发展共性的同时立足学校办学定位，突出个性。工匠精神引领高职院校"双师型"教师队伍建设正处在由偏向理论到注重应用、由学术研究导向到生产服务导向的过渡期、变革期，高职院校"双师型"教师的专业发展具有其特殊要求，因此，高职院校"双师型"教师必须树立正确的专业发展观，转变重理论而轻实践、重学位层次提高而轻操作技能提升的传统观念。

第二，突出实践导向。工匠精神引领高职院校"双师型"教师专业发展包括教师的专业思想、专业知识、专业能力等全方面的发展和完善，教师发展的过程也是教师由新手到专家的渐进式进步过程。高职院校"双师型"教师专业发展应抓住主要矛盾，把提升实践操作能力放在首要位置，把握校企合作培养"双师型"教师的机遇，做到实效为要、实践为本、实干为先，切实提高教师的实践应用能力和专业化水平。

第三，增强教师的发展主动性。工匠精神引领高职院校"双师型"教师专业发展需要高校乃至政府提供配套政策和硬件支持，更离不开"双师型"教师个人的主观能动性和发展自觉性，教师自身的发展愿望决定了教师能否积极开发和高效利用外界有利资源。工匠精神引领高职院校"双师型"教师队伍建设应主动融入高职院校发展大计，提升"双师型"教师专业发展的内生动力。高职院校教师应将成为一名优秀的"双师型"教师作为自己的职业发展方向和专业化发展目标，不断提高岗位胜任力。

第四，兼职教师作为教师队伍的重要组成部分，其专业能力发展也是工匠精神引领高职院校"双师型"教师队伍建设的必要环节。高职院校"双师型"兼职教师应树立教师发展意识，一方面要丰富教育理论知识和提升课程教学技能，加强对教育政策法规、师德师风建设等的学习，向着高职院校"双师型"合格教师方向迈进；另一方面要贴近高职院校实际，结合自身实践工作经验，进一步完善课程设计，锤炼实践教学能力，在工匠精神引领高职院校"双师型"教师队伍建设道路上实现特色化、专业化发展。

参考文献

［1］ 李丽华，高杨，梁秋栖．"双师型"教师队伍建设模式改革与制度创新研究［M］．沈阳：辽宁大学出版社，2014.

［2］ 梁成艾．职业学校"双师型"教师专业化发展论［M］．成都：西南交通大学出版社，2014.

［3］ 吴炳岳．职业院校"双师型"教师专业标准及培养模式研究［M］．北京：教育科学出版社，2015.

［4］ 杨润，史财鸣．互联网＋工匠精神［M］．北京：企业管理出版社，2016.

［5］ 王雪亘．工匠精神培育与高技能人才成长［M］．杭州：浙江科学技术出版社，2018.

［6］ 杨爽．高等职业院校教师制度与青年教师职业发展研究［M］．北京：光明日报出版社，2019.

［7］ 黄莺，贾雪涛．双师型教师的专业发展研究［M］．北京：中国书籍出版社，2019.

［8］ 方莹，于尔东，陈晶濮．职业院校"双师型"教师培养研究［M］．秦皇岛：燕山大学出版社，2019.

［9］ 曾颢．师带徒：工匠精神的内涵与培育［M］．北京：知识产权出版社，2020.

［10］ 王岚，吴跃本，崔金魁．高职院校"双师型"教师专业素质培育体系研究［M］．南京：东南大学出版社，2021.

［11］ 张志田．新工科背景下高职院校"工匠精神"的培育与应用研究［M］．长春：吉林出版集团股份有限公司，2022.

［12］ 薛栋．中国工匠精神研究［J］．职业技术教育，2016，37（25）：8-12.

［13］ 燕玉霞．工匠精神引领下的职业院校"双师型"教师队伍建设浅析［J］．职教论坛，2018（12）：76-79.

［14］刘再春．工业 4.0 时代"双师型"教师的角色转变与对策［J］.教育与职业，2018（17）：84–89.

［15］付晓春，侯晓蕾．试论职业院校双师型教师队伍的精准化建设［J］.广东职业技术教育与研究，2020（5）：68–72.

［16］杜晓光．工匠精神视角下高职"双师型"教师队伍建设［J］.教育与职业，2020（22）：109–112.

［17］张文婧．新时代职业院校"双师型"教师角色定位、失衡及转变［J］.机械职业教育，2021（5）：57–62.

［18］梁敬蕊．工业 4.0 背景下高职院校双师型教师建设路径研究［J］.佳木斯职业学院学报，2021，37（1）：128–129.

［19］尹克寒．高职院校"双师型"教师专业能力建设研究［J］.教育与职业，2022（11）：57–61.